TOUTES CES IDÉES QUI NOUS GÂCHENT LA VIE

Du même auteur :

Romans et récits :

Crin blanc ou l'invention de la Camargue (avec Florian Colomb De Daunant), Actes Sud, 2016.
Un escalier vers le paradis, Jean-Claude Lattès, 2014.
La Planète disneylandisée, pour un tourisme responsable, éditions Sciences Humaines, 2012.
Géographie amoureuse du monde, Jean-Claude Lattès, 2011, Prix Jules Verne (Académie littéraire de Bretagne et des Pays de Loire).
Le Voyage à Timimoun, Jean-Claude Lattès, 2010.
Cavalcades et dérobades, Jean-Claude Lattès, 2008, Prix Pégase (École nationale d'équitation, Saumur).
La Déliaison (avec Ariane Fornia), Denoël, 2005.
Frontières, Denoël, 2003.

Essais et manuels :

L'Afrique est-elle si bien partie ?, éditions Sciences Humaines, 2014, Grand Prix du festival de géopolitique de Grenoble.
Géographie amoureuse du maïs, Jean-Claude Lattès, 2012.
Le ciel ne va pas nous tomber sur la tête (maître d'œuvre avec Jean-Robert Pitte), Jean-Claude Lattès, 2010.

(la suite en fin d'ouvrage)

www.editions-jclattes.fr

Sylvie Brunel

TOUTES CES IDÉES QUI NOUS GÂCHENT LA VIE

JC Lattès

Maquette de couverture : le-petit atelier

ISBN : 978-2-7096-6531-5

Première édition avril 2019.

À mes enfants,
qui ont la chance de vivre
dans un monde bien meilleur
que celui où j'ai grandi…

Tolérance

Remettons un peu de sérénité dans nos existences. Non, le monde qui nous entoure n'est pas en danger. Non, nous ne courons pas à la catastrophe. Non, il n'y a pas d'un côté des êtres malveillants qui ne rêvent que de saccager et de polluer la planète et, de l'autre, de gentilles personnes qui vivent en totale harmonie avec la nature. Et sont tellement persuadées d'avoir raison qu'elles sont prêtes à prendre les armes pour imposer leurs idées.

Nous vivons dans l'ère de la peur. Ce n'est pas nouveau : de tous temps il y a eu des prophètes de fin du monde.

Mais la peur est mauvaise conseillère. Elle décourage le plus grand nombre (« à quoi bon puisque tout est fichu ») et rend agressifs ceux qui se sont auto-investis d'une mission purificatrice.

L'histoire regorge de périodes similaires, où les prophéties apocalyptiques se multiplient. Et, bien sûr, la fin du monde n'a jamais eu lieu.

Oui, certains mondes disparaissent, mais parce qu'ils évoluent, se transforment. C'est la marche de l'humanité : ne cesser de se transformer, parce qu'il n'y a pas d'optimum – d'ailleurs, dans l'histoire, les optimums étaient toujours des périodes chaudes.

Nous vivons dans un monde plus beau que celui d'hier. Et que nous pouvons – devons – améliorer pour qu'il soit meilleur encore.

Bien sûr le changement climatique est une réalité. Bien sûr le défi écologique doit être relevé.

Mais annoncer sans cesse le pire, transformer l'écologie en contrainte, personnifier la planète, appeler à l'expiation crée inutilement des sociétés de violence et de frustration.

Brandir le spectre de la fin du monde nous mène dans l'impasse. Car le règne de la peur induit la violence. Croire que l'on incarne la pureté, embrigader la jeunesse, c'est mobiliser des armes dont on ne maîtrise jamais le pouvoir. Dont on ne mesure jamais jusqu'où elles vont nous entraîner.

Aujourd'hui la menace ne vient pas de la planète, mais de tous ceux qui l'instrumentalisent, de toutes ces peurs qui nous gâchent la vie, et qui ne sont nullement fondées.

Vivre mieux tous ensemble dans notre monde tel que nous sommes capables de le façonner doit être notre seul objectif. On ne peut pas opposer la planète à l'humanité.

L'idée que nous sommes « trop » nombreux et que nous menaçons la terre n'a aucun fondement géographique.

L'idée que la nourriture nous empoisonne, que la chimie nous submerge, que les animaux disparaissent, que l'homme détruit la planète relève du fantasme et de la propagande. Arrêtons de divulguer de fausses peurs et de brandir l'excommunication pour ceux qui n'adhèrent pas au discours anxiogène. Alors que nous avons le pouvoir de créer des paysages, de réparer des lieux abîmés, de sauver des espèces menacées, que nous sommes engagés dans la quatrième révolution industrielle qui nous permettra plus de confort et de mobilité, les valeurs de liberté et de tolérance sont en train de reculer au nom des menaces et de la peur.

Je suis devenue géographe car j'aime profondément le monde, la capacité aménageuse et créatrice des êtres humains pour vaincre l'aridité, la pente, le froid, les inondations, façonner les paysages, créer des milieux accueillants et y vivre plus nombreux. L'humanité peut connaître des moments difficiles, mais son intelligence face aux défis de la nature nous a conduits vers une planète où nous voyageons avec bonheur, formant une immense communauté humaine faite des mêmes attentes, du même désir de vivre en paix, sur une terre belle où nos enfants pourront écrire leur destin en toute liberté.

Ce que nous dit la géographie, c'est qu'il n'y a pas de surpeuplement, sinon localisé et temporaire : la notion de surpeuplement ne dépend que des moyens dont vous disposez pour aménager votre espace. La « capacité de charge » d'un territoire est relative, tout dépend de la façon dont on l'habite, des moyens que les hommes mobilisent pour le mettre en valeur. Tant de paysages ne sont que l'héritage patient et minutieux de l'intelligence humaine !

De la même façon, il n'y a pas un stock de ressources qu'il faudrait exploiter avec parcimonie, et, si possible, ne pas toucher. Les ressources ne cessent d'évoluer. L'ingéniosité humaine sait sans cesse en créer de nouvelles, comme elle sait transformer son cadre de vie pour le rendre accueillant et durable. Même quand il a été dégradé, il est possible de le réparer.

Cessons d'agiter la peur. Cessons surtout d'embrigader la jeunesse dans de mauvais combats. Laissons à la planète des enfants qui sauront l'habiter intelligemment, qui auront appris les valeurs de tolérance et de partage, qui auront reçu la formation nécessaire pour continuer d'inventer des façons de vivre mieux, mobilisant une intelligence des lieux qui rendront demain notre monde plus beau qu'aujourd'hui.

Démocratie, humanisme et progrès vont de pair.

Mais pour envisager l'avenir avec sérénité, il faut cesser de dérouler le tapis rouge aux prophètes de malheur.

Une pensée positive

Avenir, alimentation, démographie, biodiversité, futur de l'humanité et de la terre sur laquelle elle vit et qu'elle ne cesse de transformer, toutes ces questions reviennent chaque jour ou presque dans les médias. Pour chacun de ces sujets, combien d'accusations et de mensonges, proférés au nom d'une écologie qui se veut aussi radicale qu'intégrale ! Rétablir les faits en se fondant sur des données scientifiques, sans présupposés idéologiques, devient urgent, car non seulement nous nous gâchons la vie avec des prédictions apocalyptiques, mais nous nous engageons en leur nom dans des directions qui nous mènent droit dans le mur.

Notre avenir est-il vraiment cette fin du monde annoncée ? Minuit moins deux à l'horloge de l'Apocalypse ?

Bien sûr que non ! De tous temps, les hommes ont cru leur dernière heure arrivée. La période que nous vivons porte en elle des risques, bien sûr, comme toujours dans l'histoire de l'humanité. Mais, ce qui est nouveau, c'est que nous avons désormais les moyens d'y faire face. Que la pauvreté et la misère de masse, qui ont été notre quotidien pendant des siècles, sont désormais derrière nous.

Trop nombreux sur la terre ? Cessons de croire de telles billevesées : le vrai risque n'est pas l'explosion du nombre des hommes – qui conduit certains à préconiser de ne plus faire d'enfants pour, croient-ils, sauver la planète – mais exactement l'inverse. L'évolution de la population mondiale nous conduit non à l'explosion mais à l'implosion démographique. Notre vrai risque : le vieillissement et la disparition progressive de l'humanité !

L'Afrique à nos portes ? Certains Européens redoutent que leur continent soit submergé par les migrations africaines. Pur fantasme ! C'est l'Europe qui a besoin de l'Afrique, pas l'inverse. Mais il n'est pas du tout sûr que les Africains aient envie de sauver la vieille Europe : ils sont bien mieux chez eux. Cessons, nous les Occidentaux, de nous croire si supérieurs, si indispensables !

La Planète ? À entendre la litanie des maux censés l'accabler, elle court à sa perte. On nous annonce la fin des temps, une planète morte, submergée à la fois par le déluge et par les sécheresses (la contradiction ne semble gêner personne). La disparition de la vie animale et végétale.

Mais les indicateurs employés sont toujours partiaux et orientés. Quant à l'empreinte écologique, cet instrument de mesure qui nous affirme que nous vivons au-dessus de nos moyens, elle repose, nous le verrons un peu plus loin, sur des indicateurs biaisés…

Combien de diktats, aussi, proférés au nom de l'énergie ! Il faudrait cesser séance tenante d'utiliser du pétrole, du gaz, du charbon, dont on nous a d'abord annoncé la disparition programmée, avant d'en faire les pires destructeurs de l'humanité. Prétendre que les combustibles fossiles doivent être bannis séance tenante, c'est condamner toute l'humanité émergente qui, pour l'instant, en dépend pour se développer. Et les choix que nous faisons, nous les Européens, risquent de nous coûter très cher demain, sur tous les plans… Les Chinois qui préparent leur reconquête du monde s'en frottent d'ailleurs les mains.

Notre alimentation ? Ce sujet est devenu l'une de nos pires inquiétudes, précisément au moment où l'humanité a vaincu la peur de manquer. Jamais nous n'avons eu autant de nourriture, dans les pays riches en tout cas, car les pays pauvres doivent encore vaincre le spectre de la faim. Mais tout se passe comme si la situation d'une partie du monde nous indifférait. Comme si nous étions devenus non seulement égoïstes, mais aussi amnésiques, puisque nous acceptons sans scrupule de sacrifier une partie de notre agriculture, qui nourrit pourtant à nos portes des pays dépendant de leurs achats pour préserver leur paix sociale. Demain, ce sont peut-être les peuples qui connaissent encore la faim qui nous nourriront. Parce qu'ils savent, eux, combien les enjeux sont colossaux… Mais nous, nous osons traiter de pollueurs et d'empoisonneurs ceux qui nous nourrissent ! Alors qu'ils ont relevé le défi de nous transformer en repus, qui nous demandons chaque jour non pas quoi manger, mais quoi ne pas manger !

Terminons par ces animaux qui nous sont si chers que beaucoup considèrent désormais que nous ne valons pas mieux qu'eux. Qu'ils s'insurgent au nom de « l'antispécisme » contre la consommation de viande et même contre l'élevage, appellent au retour de l'ours, du loup, dans nos campagnes en désespérant les bergers. Nous sommes tous d'accord : il faut protéger la nature. Mais laquelle ? Et pour qui ?

Même les insectes sont devenus nos prétendus amis ! Jusqu'où doit aller la protection de la biodiversité ? Nous nous arrogeons le droit de triage : le loup oui, même si c'est au détriment de la brebis. Et de celui qui l'élève et pleure de la voir mutilée. Quant aux virus, prions, et autres parasites qui vivent à nos dépens, puces, punaises, moustiques, propagateurs zélés de maladies mortelles, ont-ils les mêmes droits, eux qui font partie intégrante de la sacro-sainte biodiversité ? On nous parle de disparition, de « sixième grande extinction ». Il serait temps de savoir quels indicateurs nous utilisons, et comment nous gérons le problème.

Au lieu de propager des idées fausses qui nous font peur et nous découragent, retroussons au contraire nos manches tous ensemble pour trouver des solutions durables, qui ne passent pas par un immense retour en arrière, l'apologie de solutions pénibles et coûteuses qui ne fonctionnent qu'à une toute petite échelle, l'exclusion de pans entiers de populations, présentées comme coupables ! L'écologie ne doit plus être la cerise sur le gâteau des nantis, mais une pensée collective et positive, car nous pouvons vivre tous ensemble en paix sur la même planète.

Fin du monde ? Bien sûr que non !

« C'est la fin du monde. La Terre se meurt. Quelle planète allons-nous laisser à nos enfants ? Changeons nos modes de vie avant qu'il ne soit trop tard ! » Voici ce que nous entendons tous les jours. Des formules accusatrices, qui nous somment, au nom d'un futur toujours présenté comme dramatique, de nous amender.

Certes, il y a eu un bouleversement majeur dans l'histoire de l'humanité : l'accession d'un nombre toujours croissant de personnes au développement, après des millénaires de pauvreté. Chaque année, la classe moyenne s'accroît de près de 200 millions de personnes ! Mais ce que nous prenions pour acquis, la mobilité, le confort, le plaisir de manger, de voyager, de fonder une famille et d'avoir des enfants, est remis en question. La vie devient plus difficile. En France, les gilets jaunes descendent dans la rue. Pour eux comme pour un nombre croissant de personnes, l'écologie devient une chose à bannir, alors qu'elle aurait dû mobiliser, voire passionner. Un comble !

Et si ceux qui nous culpabilisent en prétendant nous imposer maints sacrifices se trompaient du tout au tout ? Si leurs exigences et les renoncements qu'ils supposent reposaient sur des analyses erronées ? Si des milliers de gens, souvent sincères et bien intentionnés, s'engageaient sur de mauvais chemins, dangereux non seulement pour eux-mêmes, mais aussi pour la société ?

Oui, le monde se transforme, oui, des dangers menacent et il nous faut y faire face, mais ce monde n'est pas pire qu'hier. C'est même plutôt l'inverse : contrairement aux discours toujours accusateurs des tenants de l'apocalypse, cette science de l'effondrement annoncé qui a désormais un nom, la « collapsologie », la planète ne se porte pas si mal, et l'humanité, elle, va de mieux en mieux… Au nom de quelles idéologies accuser, dénoncer, chercher un vaste retour en arrière ? Non, ce n'était pas mieux « avant ». L'esprit humain est ainsi fait qu'il idéalise en permanence le passé. La nostalgie de l'enfance tandis que nous avançons en âge nous pousse à ne sélectionner que les souvenirs heureux. En regrettant le passé, c'est en réalité notre jeunesse que nous regrettons.

Mais si le voyage dans le temps devenait possible, nous serions très surpris. Et beaucoup moins enthousiastes. Parce que nous commettons toujours la même erreur : greffer les acquis d'aujourd'hui sur nos représentations du monde d'hier. Prendre la santé, la mobilité, l'accès illimité à la connaissance et au monde, le confort, comme des évidences qui ont toujours existé, les incorporer dans notre nostalgie du passé. Une erreur dans laquelle le cinéma nous conforte, car évidemment, les films parlant de périodes passées sont tournés avec des acteurs d'aujourd'hui, ayant l'apparence, la santé, l'espérance de vie, la dentition des personnes du début du XXIe siècle, montant des chevaux du XXIe siècle, se déplaçant miraculeusement d'un lieu à l'autre en abolissant le temps, le danger et les distances comme nous le faisons aujourd'hui. En réalité, l'espérance de vie était limitée, les villes jonchées d'ordures – aux privilégiés, le « haut du trottoir »… Le monde d'avant était si cloisonné que, jusqu'à la pose du premier câble sous-marin entre la France et l'Angleterre en 1851, personne ne savait ce qui était en train de se passer de l'autre côté de la mer. Faial, aux Açores, paradis portugais en plein cœur de l'Atlantique, s'enorgueillit ainsi d'avoir accueilli en 1893 le premier câble transatlantique du monde, reliant enfin l'Amérique à l'Europe. Il y a moins d'un siècle et demi ! Jusque-là, il fallait que des voyageurs venus de contrées lointaines, après de longs mois d'expéditions hasardeuses, puissent transmettre les « nouvelles », forcément déformées. En 1891, ce n'est qu'en découvrant à l'horizon les voiles noires du navire de leur roi, David Kalakaua, que les Hawaiiens comprennent qu'il lui est arrivé malheur. Le dernier monarque d'Hawaï, qui, confort incroyable pour l'époque, avait doté Iolani, son palais d'Honolulu, du téléphone, de cabinets de toilette et de l'électricité bien avant Buckingham Palace, celui de la reine d'Angleterre, a trouvé la mort à San Francisco, d'une maladie restée indéterminée. Il n'avait que 55 ans, un âge auquel nous nous sentons jeunes aujourd'hui, la vieillesse hier. Kalakaua était un roi brillant, cultivé, qui, sentant venir la mainmise des États-Unis sur son archipel, aurait voulu conclure une alliance avec le Japon. Sa sœur, la princesse Liliuokalani, lui succède. Les planteurs américains d'Hawaï organisent un coup d'État pour la déposer et l'enferment neuf mois dans une pièce de son propre palais. On peut encore y admirer l'immense tapisserie que la recluse réalise alors, entremêlant jour après jour sa douleur et les légendes d'Hawaï. 1893, c'est aussi l'année où les États-Unis, qui adorent se présenter comme une puissance non coloniale, annexent Hawaï. L'archipel ne deviendra un État américain qu'un demi-siècle plus tard, en 1959. Pile à temps pour permettre à Barack Obama, qui y naît deux ans plus tard, de pouvoir devenir président de l'Amérique. Et comme certains continuent de considérer que l'annexion d'Hawaï fut illégitime, ils en déduisent qu'Obama n'avait pas le droit de se présenter à l'élection présidentielle !

Restons dans le Pacifique. Enfant, ma grand-mère vivait avec ses parents et sa sœur jumelle aux îles Gambier, au bout du bout de la Polynésie. La goélette, quand elle passait – parfois après autant de temps que Liliuokalani fut séquestrée dans son palais –, leur apportait enfin le courrier. Il y avait le catalogue de la Samaritaine, qui permettait de commander des articles qu'on recevrait l'année d'après. Et les « nouvelles ». Ma grand-mère apprit ainsi en même temps le décès de ses quatre grands-parents en Auvergne. Dans le monde, les épidémies, les guerres et les catastrophes naturelles faisaient des ravages. En 1919, ma famille survécut à grand-peine à la grippe dite espagnole, apportée par un navire anglais. L'épidémie fit deux fois plus de morts en Europe que la Première Guerre mondiale !

Aujourd'hui, nous avons oublié à quel point le monde d'hier était dur pour tous, sinon une petite poignée de privilégiés. Un monde qui reposait sur le travail humain, la pénibilité, la peur de l'obscurité, le froid, des récoltes aléatoires, l'insécurité. Comment pouvons-nous regretter le passé ? Croire qu'il a existé un « optimum » dans l'histoire de l'humanité, un moment parfait où il aurait fallu arrêter le curseur, parce que le point d'équilibre idéal était atteint ?

C'est pourtant ce que nous faisons aujourd'hui : déplorer en permanence que le monde change, comme s'il fallait à tout prix le figer dans son état actuel, voire revenir au passé. Le monde parfait n'existe pas, sinon dans les fantasmes des dictatures qui prétendent façonner le bonheur du peuple, fût-ce contre son gré, par le contrôle total de la société et de l'économie. Elles aboutissent toujours à des désastres, partout, et finissent par s'effondrer. Mais au prix de tant de souffrances, de tant de vies sacrifiées ! La Terreur sous la révolution française, URSS, Cuba, Venezuela, Corée du Nord, Érythrée… combien d'horreurs et de drames au nom d'idéologies qui proclament détenir la vérité ! Aujourd'hui, de plus en plus nombreux sont les penseurs radicaux de l'écologie qui vous affirment sans ciller que pour réparer la planète, des choix autoritaires s'imposent. Comme si l'écologie était une guerre, qu'il fallait mener envers et contre tout, et surtout contre les hésitants, les récalcitrants, les déviants. « Pas d'impunité pour les écocriminels ! », proclame l'une de ces écoguerrières les plus intransigeantes, muée en nouvelle reine des Neiges, dans un ouvrage qu'elle qualifie de « manifeste pour une écologie intégrale ».

« Intégrale », le mot fait peur. De plus en plus de personnes sincères adhèrent à cette doctrine de l'écologie intégrale au nom du salut de la planète et exigent des gouvernements qu'ils prennent les mesures les plus radicales. Leur monde parfait n'aurait plus de bébé, plus d'avion, plus de voiture (ou à l'extrême rigueur, électrique, mais on sent bien que les heureux privilégiés seront triés sur le volet). Ils cherchent à enrégimenter les jeunes, comme le font toutes les révolutions. Les écoguerriers les appellent à des marches mondiales pour la planète, à des grèves scolaires pour le climat : « N'allez plus en cours, protestez. » On connaît la recette. Décervelons la jeunesse, elle n'en sera que plus malléable. Jouons sur l'émotion, et nous serons sûrs de l'embrigader.

Comment en est-on arrivé là ? Par une dérive progressive mais implacable vers une civilisation occidentale où la « Planète » est devenue plus importante que l'humanité. Où s'est instauré un paganisme écologique qui idéalise la nature, sanctifiant l'animal, vénérant le végétal, mais détestant l'être humain.

Hier, la lecture du monde était aisée : les riches globalement au Nord, dans les pays qui avaient connu la révolution industrielle au XIXe siècle, les pauvres globalement au sud, dans les pays qui ne l'avaient pas connue, soit parce qu'ils avaient été colonisés et assignés à la fourniture de matières premières, soit parce que leurs tentatives d'industrialisation endogène avaient tourné court, concurrencées par les marchandises venues du Nord. Les premiers, qualifiés d'Occidentaux (même le Japon !), ont très vite eu accès à une espérance de vie et à un confort propres aux pays « développés ». Les seconds, qui mouraient massivement jeunes de maladies infectieuses, vivaient sous le joug des aléas naturels et de la mort précoce, se sont vus enfermés dans une entité désignée sous le vocable de Tiers-Monde. Pour eux, sortir du sous-développement, perçu comme synonyme de pauvreté et de domination, était une priorité. Ne plus voir mourir les enfants en bas âge, pouvoir enfin choisir son destin, accéder à l'éducation, à la santé, aux techniques modernes. « Les pauvres, ce sont ceux qui n'ont ni avoir, ni savoir, ni pouvoir », résumait dans les années quatre-vingt-dix un organisme des Nations Unies, le PNUD (Programme des Nations Unies pour le développement), en mettant au point un nouvel indicateur, l'Indice de développement humain, fondé sur l'espérance de vie, le niveau d'éducation, la richesse par habitant.

Le temps d'une vie humaine, le monde a radicalement changé : le développement est devenu une réalité universelle. Le nombre des pauvres s'est considérablement réduit malgré l'accroissement rapide de la population mondiale. Une humanité de 7,5 milliards de personnes vit aujourd'hui 72 ans en moyenne, quand les 3 milliards des années soixante n'en dépassaient pas 45. Comment mieux dire que les progrès ont été universels et généralisés, qu'il y a eu, comme le dit le PNUD, une « convergence des indices de développement humain » ?

Sauf que les pauvres aujourd'hui, même s'ils sont bien moins pauvres qu'hier, ne supportent plus leur pauvreté. Parce qu'ils ne vivent plus dans leur coin, privés de tout. Ils sont en ville, ils ont des téléphones portables, ils utilisent les réseaux sociaux. Et ils savent exactement ce qui leur manque et comment vivent les riches.

Paradoxalement, la sortie de la pauvreté de masse a créé partout, au Nord comme au Sud, des îlots d'exclusion et de désespérance. La rapidité des changements, alliée aux erreurs de gouvernements fascinés par la modernité mais ne s'appuyant, pour la mettre en œuvre, que sur la frange aisée de leur population, a accru la distance entre les inclus et les exclus. Si les modèles collectivistes ont échoué, parce qu'ils étaient fondés sur l'omnipotence de la puissance publique et le nivellement des écarts de richesse, au détriment de l'aspiration individuelle à améliorer son sort, formidable moteur de progrès et d'innovation, les solutions libérales qui leur ont succédé, au moment de la crise de la dette dans les pays en développement, dès le milieu des années quatre-vingt, avec l'instauration des fameux plans d'ajustement structurel de la Banque mondiale et du Fonds monétaire international, puis avec la fin de l'Union soviétique en 1991, qui a ouvert un espace mondial au libéralisme, ont creusé l'écart entre ceux qui avaient les moyens de saisir les opportunités offertes par la mondialisation et les autres. Certes, deux milliards de personnes sont sorties de la pauvreté, rejoignant les classes moyennes des pays du Nord en termes de niveau de vie… Mais toutes ces classes moyennes, désormais, sont paniquées par la peur de retomber dans la pauvreté, écartelées entre l'aspiration illusoire à rejoindre une petite classe d'ultra-privilégiés à la richesse ostentatoire et le souvenir de leur vie passée, où même se nourrir pouvait poser problème.

La fin de la guerre froide, en 1991, nous avait pourtant laissés croire à l'avènement d'un nouvel ordre mondial où, pour reprendre le jargon d'alors, la « communauté internationale » allait pouvoir enfin recueillir les « dividendes de la paix » pour s'atteler à la lutte contre la pauvreté. Une vision planétaire exprimée à travers les fameux Objectifs Mondiaux pour le Développement (OMD) des Nations Unies, fondée sur la coopération mondiale, la démocratie, les grands chantiers de la santé, de l'éducation, l'assainissement, l'agriculture. C'était certain, nous allions construire un monde meilleur.

Et c'est vrai, le développement est devenu une réalité mondiale. Mais le processus a été tellement rapide, par la libéralisation planétaire des capitaux, le déploiement, au détriment d'États affaiblis par la crise de la dette, de stratégies d'investissement privé pour répondre aux besoins de ces pauvres avides de s'en sortir, que partout les inégalités se sont creusées. Un archipel métropolitain mondial, pour reprendre l'expression chère au géographe Olivier Dollfus, s'est créé, non seulement en laissant subsister des interstices oubliés, les campagnes pauvres, les lieux périphériques, mais aussi en suscitant en son sein des banlieues, qui sont étymologiquement les lieux du bannissement. Une classe mondiale de personnes ayant pu saisir les opportunités offertes par la mondialisation, et des oubliés, des laissés-pour-compte. Les attentes déçues ont été attisées par des discours religieux, ethniques, communautaristes. Des discours de haine portés par l'apparition de réseaux planétaires de communication et d'information. Partout, une géographie de la colère est née.

En découvrant comment les anciens pauvres sortaient de la pauvreté et exigeaient de prendre leur part au banquet de la terre, un banquet dont la richesse, certes, ne cessait de grandir, mais qu'il avait été jusque-là seul à se réserver, l'Occident s'est affolé. Et il a dégainé une arme suprême pour essayer de mettre tout le monde au pas : l'écologie.

Juste après la guerre froide, quand s'est ouvert un espace mondial de l'information et de la richesse, des mouvements occidentaux dont personne ne s'occupait jusque-là car ils évoluaient dans leur niche, celle de la protection de la nature, ont remis à l'ordre du jour une vieille idée, aux oripeaux désormais renouvelés par l'émergence des pauvres et l'apparition d'un espace planétaire : celle que l'humanité devenait trop nombreuse et épuisait des ressources en quantités limitées, nous menant tout droit à la catastrophe. Au sortir de la Guerre froide, la « Planète » est devenue le nouveau veau d'or.

Sous couvert de lutter contre la pauvreté, une grande lutte contre les pauvres a commencé : il fallait mettre sous cloche leurs lieux de vie, perçus comme les derniers paradis terrestres, pour sauver ces derniers de l'anéantissement, priver les pauvres de l'accès à des ressources et à un confort que l'Occident ne trouvait acceptable que lorsqu'il se l'arrogeait. Pourquoi ? Parce qu'une menace terrifiante s'était abattue sur le monde : le changement climatique. La planète était en train de se détraquer.

Pendant que les riches fourbissaient leurs discours écologiques, imposant une vision mondiale du développement dit « durable » au Sommet pour la terre de Rio de Janeiro en juin 1992, première grande conférence de l'après-guerre froide, où de nouveaux acteurs de la mondialisation, organisations non gouvernementales axées sur la défense de l'environnement et grandes entreprises, faisaient leur entrée en force, les anciens pauvres inauguraient la nouvelle mondialisation en réglant leurs comptes. L'Afrique, libérée de ses dictateurs, longtemps soutenus soit par l'Occident, soit par une URSS désormais disparue, a basculé dans les guerres civiles, des affrontements féroces pour la conquête du pouvoir. L'Europe centrale et orientale s'est balkanisée, tandis que l'Occident s'y précipitait pour arracher à la nouvelle Russie, désormais qualifiée de « pays en voie de développement », des fleurons de son ancien empire, double humiliation qu'elle n'a de cesse aujourd'hui de réparer. L'Amérique latine, où la crise de la dette avait laminé le tissu industriel et les nouvelles classes moyennes, est redevenue un continent exportateur de matières premières, une autoroute vers la Chine. Qui a décidé de redevenir la première puissance mondiale, la mort de Mao en 1976 ouvrant l'ère du « socialisme de marché » de Deng Xiaoping. Cinquante ans de coexistence (apparemment) pacifique, fondée sur le commerce et le développement industriel à marche forcée, mené par des entreprises contrôlées par l'État, pour jeter sur le monde une toile d'araignée d'infrastructures, de technologies, de pseudo-accords de coopération fondés sur une prétendue amitié entre les peuples. En réalité une stratégie de domination d'autant plus déterminée qu'elle est désormais mise en œuvre par un empereur rouge doté de tous les pouvoirs.

Pendant la décennie de l'après-guerre froide, l'ONU a échoué à maintenir la paix. Le 11 septembre 2001, l'attentat contre les deux tours du World Trade Center est venu sonner le glas de nos espoirs d'une mondialisation pacifique, harmonieuse et consensuelle. L'Occident, convaincu de sa supériorité, a alors lancé partout des guerres dites « justes », qui ont semé le chaos. Comment les anciens pauvres devenus de nouveaux riches pouvaient-ils accepter que les maîtres du monde d'hier continuent d'imposer leur loi, leur vision du monde, leurs valeurs, leur religion ? Des puissances émergentes, puisant dans un passé réécrit et glorifié, ont décidé de se tailler à leur tour un empire à la mesure de leurs ambitions.

Face à ces rivalités montantes, face à cet enrichissement rapide des pauvres, plus soucieux de l'accès aux richesses et aux technologies de la modernité qu'à la préservation de leurs forêts tropicales et à la salubrité de leurs mégalopoles dévorantes, l'Occident a pris peur. Brandir l'écologie, le salut de la planète, était d'autant plus facile et tentant que les grandes organisations environnementales travaillaient de concert avec les gouvernements et les grandes entreprises, en une curieuse consanguinité, les mêmes dirigeants passant de l'un à l'autre avec une déconcertante fluidité. Aux exigences du Sud, des arguments imparables ont été opposés : « nous sommes tous embarqués dans le même vaisseau », « il n'y a pas de planète de rechange ».

Ah, la planète ! Ce moloch tout-puissant et vengeur, dont la seule invocation pouvait servir de prétexte à tous les combats ! Au sommet de Rio en 1992, trois conventions ont été adoptées – changement climatique, biodiversité, lutte contre la désertification –, ainsi qu'une déclaration sur les forêts. L'environnement pouvait devenir un immense combat planétaire. Au service en réalité d'une perpétuation de la domination occidentale contre les aspirations au développement de cette humanité perçue comme grouillante, dangereuse et surnuméraire des pauvres. Une grande partie de l'aide au développement, hier instrument stratégique pour se conserver une zone d'influence, a été réorientée vers le verdissement, vers de grandes ONG environnementales devenant de plus en plus puissantes, un immense secteur de la conservation travaillant de concert avec les riches États du Nord.

Dans un premier temps, les pauvres ont protesté : comment pouvait-on leur interdire l'accès au confort et à la modernité ? Leur opposer l'avenir de la planète à l'indispensable sortie de la pauvreté (qui avait déjà été le grand prétexte de la course au développement et à la suprématie politique, économique et idéologique, des deux grandes puissances rivales pendant la guerre froide) ? Ils ont d'abord traité avec ironie les cris d'orfraie de ces riches, dont ils avaient bien compris qu'ils étaient en réalité dégoûtés par la perspective de devoir partager leur confort avec les anciens damnés de la terre. Sauf quand on pouvait leur vendre des technologies vertes ou s'approprier leurs forêts tropicales sous couvert de protéger la nature.

Et puis soudain, les anciens pauvres ont compris : loin de représenter un frein, le discours des riches servait leur intérêt. Ils allaient donc les prendre à leur propre piège. D'autant que la nouvelle puissance chinoise était en train de prendre douloureusement conscience des limites de son modèle de croissance à marche forcée, dont les conséquences sociales et environnementales se révélaient dramatiques : des villes irrespirables, des sols contaminés, des tempêtes de sable, des millions de pauvres dans les campagnes, ces mingongs, étrangers de l'intérieur privés de l'accès au confort et à la prospérité, qui migraient en masse vers les villes.

Retourner à leur profit le discours de cet Occident donneur de leçons, obliger les riches à payer, à transférer leurs technologies dites propres (quitte à les piller sans vergogne s'ils se montraient réticents), leur permettre d'acquérir plus rapidement les moyens de ne pas reproduire la trajectoire longue et lourde des pays développés, du charbon vers le pétrole, de l'industrie lourde vers l'industrie légère, en faisant ce que certains qualifient désormais de « sauts de grenouille », voilà à quoi allaient servir l'idéologie de la nature, l'invocation du développement durable ! Puisque l'écologie devait devenir une doxa planétaire, les anciens pays pauvres se sont mis en demeure de devenir plus écologistes encore que les pays riches.

Qui allait le mieux récupérer l'écologie ?

D'un côté, les uns mettent en scène une planète en danger et cherchent à culpabiliser ceux qui viennent tout juste de quitter la pauvreté, décrivant un paradis en train de disparaître, désignant les exclus comme des victimes certes, mais de mauvaises victimes, qui abîment, détruisent. Leur but : garder le contrôle, se réserver les technologies, invoquer la planète pour empêcher les pauvres de prendre la main.

De l'autre, les autres, de nouveaux riches, avides de voyager et de consommer mais soucieux aussi, désormais, de préserver leur cadre de vie, et devant se coltiner dans leur pays une masse de pauvres, perçus comme dangereux. Car les pauvres d'aujourd'hui sont différents de ceux d'hier : plus urbains, plus connectés, ils perçoivent de façon intolérable leur pauvreté maintenant qu'ils côtoient la richesse insolente des riches.

Au final, la création d'une élite mondiale, pratiquant l'entre-soi, dans de grands hôtels, des congrès internationaux, des lieux privilégiés, en brandissant la nature comme alibi. Cherchant toutes les façons de se protéger des oubliés, dont une grande partie jeune, instruite. Et frustrée.

Au milieu, une classe moyenne mondiale, aux modes de vie convergents qu'il est d'autant plus facile de mobiliser qu'elle est de plus en plus sensibilisée aux questions environnementales, tisonnée en permanence par des campagnes planétaires jouant la notion de péril imminent. En utilisant toujours les mêmes ressorts : l'ours blanc isolé sur la banquise en train de fondre, les sols argileux desséchés, les fumées noires d'usines, le saccage des océans et des rivages par l'envahissement du plastique…

Et entre ces inclus, le plus souvent urbains, plutôt aisés, connectés, et les autres, ceux qui vivent en périphérie, des abîmes. Cette incompréhension croissante, ces fossés de plus en plus béants sont porteurs d'une violence sociale dangereuse.

Il faut le dire et le répéter parce qu'on ne peut pas jouer ainsi impunément avec le feu : imposer aujourd'hui à tous, et notamment aux pauvres, des choix difficiles et coûteux au nom de catastrophes annoncées repose sur une mystification. Une manipulation. Qui non seulement engendrent des sociétés de violence mais dénaturent et abîment la véritable écologie.

Des solutions pour vivre mieux, tous ensemble, sur la même planète, nous les avons. À condition de cesser de diffuser de fausses vérités.

La question n'est pas de savoir quelle planète nous allons laisser à nos enfants, mais de nous demander quels enfants nous allons laisser à la planète si une vision erronée de la nature et de l'humanité devient la norme, si nous nous engageons dans des choix difficiles à assumer et porteurs d'exclusions pour une partie de la population, au nom de présupposés qui n'ont aucun fondement scientifique, de menaces brandies par de faux prophètes qui nous mènent tout droit vers de nouvelles guerres sociétales.

Au Sud, des pauvres chassés de leurs territoires de cultures et de parcours, des habitants des bidonvilles déguerpis sauvagement pour créer des marinas et des écoquartiers, des mangeurs de viande de brousse exécutés au nom de la défense de la biodiversité. Au Nord, des paysans menacés de mort et sévèrement corrigés pour avoir voulu semer leur blé et traiter leurs récoltes, des boucheries et des crémeries détruites, des jeunes trouvant la mort en ayant voulu s'opposer à la création d'une retenue d'eau, des femmes insultées parce qu'elles ont cru bon d'annoncer sur les réseaux sociaux ce qu'on appelait hier un heureux évènement.

Ne laissons plus les rasoirs dans les mains de singes (même si l'apologie de la biodiversité et une vision idyllique des sociétés animales rendent aujourd'hui ces primates plus sacrés aux yeux des écoguerriers que les humains, désormais présentés comme proliférants, destructeurs, irresponsables). L'écologie, telle qu'elle est déclinée, s'apparente à une idéologie religieuse aussi radicale que dangereuse. Elle suscite chez ses disciples des délires de mortification qui les rendent prêts à tous les sacrifices. Mais elle fait fausse route, et ceux qui s'y engagent aveuglément servent en réalité le capitalisme le plus cynique : nouveaux aliments, nouveaux produits, nouveaux lobbys. Aujourd'hui les projets écologiques, les séminaires de « reconnexion » avec soi-même et avec la nature rencontrent un immense succès, comblant un vide existentiel. Si certains y puisent une forme de bonheur, tant mieux. À condition qu'ils ne développent pas une vision de l'avenir aussi mensongère que dangereuse.

À condition qu'ils ne se rendent pas malheureux, en se laissant convaincre que nous sommes fichus.

L'aubaine écologique

« Pour entraîner les masses à la croisade, il faut les terrifier. » Cette phrase prémonitoire, c'est un géographe qui la prononce, Pierre George, dans son *Que sais-je, L'Environnement*, publié en 1971. Près d'un demi-siècle après, nous en sommes toujours au même point.

Invoquer le ciel, redouter sa colère, faire appel à des intercesseurs pour qu'il se montre clément... L'humanité, qui vivait hier dans la crainte de la nature, des sécheresses interminables et des déluges terrifiants, a toujours procédé ainsi. Dieu maya de la pluie, déesse hawaïenne des volcans, Vulcain, Héphaïstos, Pluton... La mythologie regorge de dieux colériques. Les Gaulois, dit-on, ne craignaient qu'une chose : que le ciel leur tombe sur la tête. Les Indiens d'Amérique du Nord pratiquaient la danse de la pluie. Quant aux Mayas, ces « gens du maïs » qui vouaient un culte à une céréale qu'aujourd'hui beaucoup adorent détester sans la connaître, ils se mutilaient le corps en hommage à leurs divinités de la nature, et leur calendrier astronomique annonçait la fin de leur monde pour décembre 2012.

Sommes-nous si différents ?

Nous avons décerné le prix Nobel de la paix en 2007 à un président américain manqué qui a fait le tour du monde pour diffuser un film apocalyptique sur le changement climatique. En février 2019, Harrison Ford prend l'avion jusqu'à Dubaï (il faut espérer que ce n'est pas en jet privé) pour expliquer au Sommet mondial des gouvernements que les leaders du monde doivent sauver la planète. Comme Al Gore douze ans avant, il nous promet le pire avant la fin de la décennie. La fin du monde approche à pas de géant, mais au fur et à mesure que l'échéance annoncée arrive, elle semble reculer d'autant.

Pourtant, que de maux terribles nous sont promis si nous ne nous amendons pas ! Dérèglement climatique, pollution affreuse de l'air, des sols et de l'eau, sixième grande extinction, irréversibilité des destructions, montée des mers, réfugiés climatiques... Nous vivons dans l'ère de la peur. La litanie des catastrophes annoncées s'abat sur nous jour après jour. Nous voilà sommés de prendre des décisions radicales, dussent-elles nous en coûter. Car ces sacrifices seraient indispensables pour sauver la planète.

Partout se dressent des prophètes qui nous promettent l'apocalypse, une terre privée de sa vie animale et végétale, une planète vouée au dessèchement, à la submersion et à la multiplication des phénomènes naturels violents. C'est à qui sera le plus alarmant.

Chaque nouvel épisode – une année exceptionnellement chaude, un ouragan particulièrement violent, des pluies diluviennes suscitant des inondations brutales – vient conforter les discours les plus terrifiants, apporter la prétendue preuve de leur bien-fondé.

Nous avons oublié que l'histoire de l'humanité regorge de phénomènes similaires, souvent infiniment plus meurtriers : oui, notre planète est vivante, elle évolue, se transforme, connaît des soubresauts géologiques majeurs. Oui, nous devons sans cesse améliorer nos moyens de prévoir et de prévenir les catastrophes naturelles, de protéger les peuples, de reconstruire rapidement et mieux les lieux qui viennent d'être détruits. Le risque est consubstantiel à l'histoire humaine. Mais nous avons quand même réussi à devenir bientôt 8 milliards ! Et qui vivons de plus en plus longtemps !

Et nous sommes de plus en plus nombreux à avoir envie que les choses soient réparées, que notre monde soit beau. Mais beau pour tous. Le tourisme, cette mondialisation pacifique que les élites adorent vilipender, est là pour l'attester. 25 millions d'Occidentaux dans les années cinquante, un milliard de citoyens du monde aujourd'hui. Bonheur de découvrir le Louvre d'Abou Dhabi en compagnie de Chinois. De partager la magie des Bahamas avec des Russes, celle des Seychelles avec des Argentins. D'avoir enfin accès à la beauté des villes mythiques d'Ouzbékistan, Samarcande, Boukhara, Kokand, Margilan, Khiva, inaccessibles pendant toute la guerre froide… Routes de la soie, des épices, du papier, de la connaissance, mais aussi des conquêtes. Alexandre le Grand, Gengis Khan, et puis le héros national, Tamerlan. Toutes les cultures tissées ensemble, Samanides, Mongols, Grecs, Persans, Russes, Ottomans, Moghols, Arabes… Le tourisme, une exploration démocratique qui vous apprend l'humilité et la grandeur des autres civilisations. La beauté du monde et l'apprentissage de la tolérance, quand enfin on a la chance de pouvoir prendre des vacances, les moyens de se déplacer, le goût de la découverte. Bien sûr, il faut des règles : la culture du tourisme respectueux des lieux, des hôtes, des usages, s'acquiert, exactement comme la culture du vivre ensemble, l'acceptation de la différence de l'autre. Ceux qui proclament leur haine du tourisme voudraient juste pouvoir rester les seuls à voyager. Et ils ne cessent d'inventer de nouvelles façons de se réserver une partie du monde à leur seul usage, glorifiant la misère des isolats au nom du mythe de la frugalité choisie, en mobilisant des moyens colossaux (financiers et techniques) pour avoir le privilège d'être seuls à les admirer.

Dans un monde qui se grandit en s'ouvrant sans cesse à de nouvelles découvertes, nouveaux lieux, nouveaux usages du monde, nouvelles cultures, nouveaux aliments, et même nouveaux animaux, puisqu'on ne cesse de découvrir des espèces dont on ignorait l'existence ou qu'on croyait définitivement éteintes, certains campent pourtant dans le pessimisme, la dénonciation. Tout irait de mal en pis. Tout s'effondrerait et tout disparaîtrait.

Prédire le pire se révèle l'attitude la plus rentable. Les prophètes font toujours recette, ils sont invités partout, lus avec dévotion, facturent leurs prédictions à la mesure de cette audience mondiale qui ne fait que renforcer leur crédibilité. On leur attribue les prix les plus prestigieux, les financements les plus généreux. Et ils parcourent cette planète qu'ils affirment condamnée par notre impéritie en répétant inlassablement de tribunes en tribunes combien le pire nous attend.

La collapsologie, cette science de l'effondrement annoncé du monde.

Les organisations environnementales connaissent la recette par cœur : des légions de Torquemada, répercutées par des millions de voix, pointent un index accusateur sur les maudits pécheurs, frappés d'excommunication écologique. Les nouveaux glaives enflammés des archanges exterminateurs s'appellent réseaux sociaux. Il est si facile de faire s'y lever un tsunami d'indignation, dans un grand mouvement de panurgisme planétaire. Quand même la photographie d'un simple œuf est relayée 27 millions de fois[1], comment s'étonner que celle d'un ours blanc sur la banquise fasse le tour du monde en quelques clics ? Comble du paradoxe, les campagnes de dénonciation des grands inquisiteurs ciblent de préférence ceux qui les

1. Parce qu'un membre de la famille Kardashian, célèbre pour son exposition sur le web, se vantait de ce que la photo de son bébé ait obtenu 18 millions de « likes » sur Instagram, des anonymes postèrent l'image d'un simple œuf qui en obtint très rapidement… 27 millions (World Record Egg).

font vivre, car la contrition suscite immanquablement les financements. Voilà les États, les entreprises, les particuliers, forcément coupables, appelés à l'expiation. Les uns accusent. Les autres paient pour s'exonérer. La rumeur et la peur. Le grand marché des indulgences. La recette est vieille comme le monde.

Sauf que les anciens pauvres ne s'en laissent plus conter. Eux aussi veulent leur part du gâteau de la contrition, eux aussi veulent participer au grand marché des technologies vertes. Ils ont compris comment fonctionnent les ressorts de la peur et de la culpabilisation. À la tribune des Nations Unies, leurs leaders entonnent à leur tour la mélopée des malheurs du monde… mais ils accusent les pays riches d'être responsables de ces malheurs, non plus comme hier par leur colonisation et leur domination (encore que ces arguments n'aient pas été totalement éliminés), mais par la façon dont le riche Nord, premier à s'engager dans la révolution industrielle, a saccagé la planète avant tout le monde, envoyant dans l'atmosphère des milliards de tonnes de ce qu'on appelle désormais les « gaz à effet de serre » (en oubliant que le premier d'entre eux est la vapeur d'eau et que sans eux, nous serions tous impitoyablement grillés, comme sur la planète Mars). Les pays riches sont rendus responsables du « dérèglement » climatique – comme si le climat avait un jour été « réglé » – parce qu'ils ont amorcé leur développement un siècle avant le reste du monde. Les voilà sommés de « réparer », donc d'aider par des financements et des technologies les pays pauvres à les imiter certes, mais sans reproduire leurs erreurs.

La dette écologique, qu'on appelle aussi la justice climatique, a remplacé la dette impérialiste, mais le ressort fonctionne de la même façon : un devoir de réparation. Au nom des « pertes et dommages » qu'il a subis du fait de l'impéritie des pays riches, le Sud doit être indemnisé. Les pays qu'on appelait hier sous-développés se plaignent, accusent, réclament. *Name, shame, reclaim*. Nommer, accuser, exiger. La recette est connue. Désormais les États ont compris comment imiter ces associations dont la seule mission est, non de produire des richesses, mais d'accuser ceux qui en produisent et de les mettre à l'index, les vouer au pilori de l'opinion publique pour mieux se grandir et recevoir des financements. La grande entreprise de greewashing est devenue planétaire.

Le changement climatique, qu'on appelle désormais dérèglement climatique, comme si la Planète n'avait pas déjà connu par le passé les pires glaciations et un niveau des océans inférieur de cent mètres à celui d'aujourd'hui, est une aubaine. Une aubaine pour les organisations environnementales, une aubaine pour les pays pauvres, une aubaine pour les chercheurs en mal de financement et les petits malins en mal de reconnaissance. Tous entonnent la mélopée tragique du désastre annoncé et les porte-monnaie se remplissent.

Les gouvernements des îles tropicales qui ont asséché leurs nappes d'eau douce et détruit leurs coraux pour faire des routes, des remblaiements, des îles artificielles, provoquant l'affaissement de leurs fragiles territoires, peuvent désormais imputer aux émissions de gaz à effet de serre des pays riches toute la responsabilité de leurs malheurs. En réalité, la subsidence (l'enfoncement) est une évolution géomorphologique propre à de nombreux atolls coralliens, pour lesquels la montée de mers joue un rôle mineur comparé aux facteurs endogènes. Certains, comme Kiribati, qui a su avec un talent plus que rentable exposer au monde sa prétendue tragédie climatique, s'exhaussent même : loin de perdre des terres année après année, Kiribati en gagne ! Comme Tuvalu. Le géosystème d'une île est complexe, les forces en présence (géologie, souvent volcanique, ancienneté, houle, érosion, végétation...) exercent des effets contraires. Certaines s'enfoncent en raison de l'érosion, d'autres s'exhaussent parce que leur substrat est volcanique, ou que leurs coraux poussent. On peut faire dire à peu près ce qu'on veut aux prétendus effets du changement climatique.

Les gouvernements des pays qui ont la chance d'avoir encore d'immenses forêts tropicales – une chance toute relative car la puissance de la nature est telle qu'elle reprend possession des fragiles ouvrages humains dès que l'homme relâche sa surveillance, détruisant en un temps record les routes et les villes qu'il lui abandonne, comme au Congo, en Amazonie ou en Papouasie – accusent les pays du Nord de les saccager, obtiennent que soient financées d'immenses réserves, au besoin contre leur population. Qui, de toute façon, n'a pas voix au chapitre. Ces États parfaitement maîtres des mécanismes de la mondialisation confient la gestion de leurs « aires protégées » à ces organisations environnementales issues du Nord, qui prétendent savoir mieux que quiconque, et surtout mieux que ceux qui les habitent, comment gérer la nature. La nouvelle colonisation écologique ne lésine pas sur la légitimité autoproclamée. Dans le cœur de l'Afrique centrale, les populations autochtones sont vues désormais comme des gêneurs par des organisations internationales avides de mettre sous cloche une forêt dense dans laquelle ces peuples vivent pourtant depuis toujours. Le WWF, la célèbre firme environnementale au panda, est ainsi accusé par l'ONG Survival international de maltraiter les Pygmées. Un immense réseau mondial de la conservation, dont les financements ne cessent de grossir, tisse ainsi sa toile sur le monde.

Parfois l'arroseur se voit à son tour arrosé. Si un gisement de pétrole ou de gaz est découvert, ces mêmes gouvernements qui ont classé leur forêt tropicale pour attirer les financements verts n'hésitent pas à la déclasser et en chasser les ONG pour exploiter ces lucratives ressources fossiles, qui, tout en étant vouées aux gémonies, continuent de faire vivre l'humanité. Pleurer des larmes de crocodile sur la nature en danger avant de passer aux choses sérieuses, combien de leaders sont passés maîtres en la matière ! Il ne faut pas s'opposer aux projets brésiliens de « mise en valeur » de l'Amazonie, mines, barrages, colonisation agricole. Quand le chantage de l'Équateur à la communauté internationale – « payez-nous pour que nous n'exploitions pas nos ressources pétrolières amazoniennes » – s'est révélé moins rentable qu'il ne l'escomptait, l'ancien président du pays, Rafael Correa, a déclassé la réserve naturelle de Yasuni, sans aucun égard pour les populations indiennes.

Le grand bal des hypocrites tournoie tout autour du monde. Au nom du développement durable, de l'intérêt supérieur de la planète, des peuples sont chassés de leurs territoires. Des gouvernements décident d'imposer à leur population les contraintes les plus stigmatisantes et discriminatoires : interdire l'entrée des villes aux voitures « polluantes » des pauvres, quand on ferme des voies ferrées au profit de légions de cars pour les transporter à bas coût ; exiger sans cesse de nouvelles taxes, de nouveaux impôts ; imposer des choix technologiques aberrants, comme ces voitures électriques qui supposent de mobiliser des centaines de tonnes de terres rares au prix d'immenses pollutions et d'une dépendance technologique et stratégique consentie aux futurs maîtres de demain. En envoyant à la casse des milliers de petites voitures qui auraient pu continuer à rouler longtemps en consommant très peu de carburant.

Des organisations peuvent lancer des campagnes planétaires de dénigrement, tout en ne produisant elles-mêmes rien d'autre que des accusations et de la haine financées par les deniers publics, puisque ces organisations sont à la fois subventionnées et défiscalisées. Des prophètes autoproclamés s'improvisent sentinelles et devins et ont leur rond de serviette dans certains médias, pour qui le scandale (on dit aujourd'hui « le buzz ») est bien plus rentable qu'une vérité qu'ils ne se donnent de toute façon pas les moyens de rechercher.

Le bien-être des générations futures – dont nous ne connaissons rien, si ce n'est qu'elles ne seront probablement pas « caucasiennes » puisque le vieux monde a cessé de faire des enfants et s'en félicite au nom du bien de la Planète, ce nouveau golem dévorateur – sert de prétexte à tout et surtout à n'importe quoi, en un grand déferlement de terreurs orchestrées.

L'Europe, où les forêts sont plus étendues que jamais, où la qualité des territoires est la plus avancée, où même les régions hier les plus polluées, les plus abîmées, redeviennent propres et belles comme des sous neufs, tels la Ruhr ou le Bassin minier du Nord-Pas de Calais, désormais rebaptisé Hauts de France et inscrit au Patrimoine mondial de l'Unesco, pays noir et désolé où j'ai grandi et que j'ai vu se verdir et se recoloriser, l'Europe, exemplaire en termes de protection de l'environnement, de conscience écologique, ne cesse de s'imposer de nouveaux sacrifices, d'accuser ses populations de mal se comporter, prétendant, par des réglementations, des normes, des taxes, des sacrifices toujours plus coûteux à son économie et à sa société, donner l'exemple au reste du monde. Qui ricane silencieusement devant cet acte de contrition collective, tant il lui ouvre de nouvelles opportunités, financières, industrielles, géopolitiques. Comment mieux tuer l'agriculture, l'industrie, la technologie, les transports, et tous les secteurs d'avenir européens qu'en leur assignant un carcan unilatéral, et sans équivalent dans le monde, de taxes et de contraintes ?

Au service de la Chine

En voulant à tout prix s'amender d'une faute qu'elle a déjà largement réparée, par son aide généreuse, par ses politiques écologiques avancées, l'Europe prépare son dépérissement et la domination annoncée de la Chine, qui ne la considère plus déjà que comme une périphérie dépendante, en passe d'être digérée, parant de beaux noms qui nous font rêver (Nouvelles Routes de la Soie !) des stratégies de domination vieilles comme le monde.

L'Empire du Milieu sourit de voir les flagellants européens dérouler le tapis rouge de leur contrition au grand retour de sa suprématie. La collapsologie, la peur du changement climatique, les discours apocalyptiques, quelle « magnifique opportunité », pour reprendre la formule employée par Condoleezza Rice, l'ancienne secrétaire aux Affaires étrangères américaine, quand le tsunami du 26 décembre 2004 avait permis aux États-Unis de reprendre pied en Indonésie, le plus grand pays musulman du monde, non seulement pour de lucratifs contrats de reconstruction, mais surtout pour montrer au monde islamique, fâché de voir l'Amérique s'en prendre à l'Afghanistan, l'Irak et autres États prétendument « voyous », qu'elle n'avait vraiment rien, mais alors vraiment rien contre les musulmans.

Oui, le « dérèglement » climatique, quelle merveilleuse opportunité, en effet, pour vendre ses technologies, imposer un nouveau capitalisme vert ! C'est à qui emportera les marchés les plus lucratifs. Les Chinois ne s'y sont pas trompés, qui préparent activement une nouvelle ère où les instruments digitaux de l'information, où le contrôle des peuples et de l'espace, où la connaissance même, et le progrès, seront désormais chinois ! Personne, même les États-Unis, n'investit autant dans les technologies de la connaissance et de la surveillance que le dragon chinois, qui s'est donné, en 1979, cinquante ans de « coexistence pacifique » pour retrouver la première place mondiale. En 2016, la Chine a adopté son treizième plan quinquennal, il prévoit des investissements publics colossaux dans l'intelligence artificielle : plus de 60 milliards de dollars d'ici 2025 ! Les États-Unis sont très loin de pouvoir rivaliser. Le gouvernement chinois veut retrouver la suprématie mondiale pour les cent ans de la naissance de la République populaire de Chine, en 2049. Il n'aura sans doute pas à attendre jusque-là : certains évoquent 2030 comme moment décisif où l'Empire du Milieu ravira la première place aux États-Unis.

Pour la Chine, l'enjeu est essentiel. Il faut réparer l'humiliation de la colonisation occidentale. Les beaux discours sur la coopération et l'amitié entre les peuples dissimulent mal une stratégie de domination tous azimuts, à coups de prêts beaucoup trop généreux pour être désintéressés[1] – un prêt finit toujours par devoir être remboursé –, d'infrastructures gigantesques, permettant de porter au cœur des continents les marchandises chinoises et d'en extraire les ressources, d'achats de terres, de ports, d'aéroports et d'entreprises stratégiques. La remilitarisation accélérée de la Chine n'a d'autre visée que de prendre le contrôle des routes terrestres et maritimes stratégiques, comme celles de Gwadar au Pakistan, ou de Djibouti en Afrique, où s'est ouverte en 2017 sa première base militaire extérieure, à côté de celles des États-Unis, de la France, de l'Italie et du Japon. La Chine veut régner sur les océans et leurs détroits (Malacca, Bab-el-Mandeb, Ormuz...), par lesquels transitent son pétrole, ses matières premières et ses marchandises. Elle est en train de s'approprier la bien nommée mer de Chine, de fait déjà chinoise depuis la prise de contrôle et la « durcification » d'îlots riches en ressources pétrolières et gazières, au détriment des zones économiques exclusives des pays riverains.

Réécrites, les anciennes Routes de la Soie ne sont plus seulement commerciales, encore que la Chine doive continuer à conquérir des marchés pour assurer la pérennité de sa croissance, elles sont devenues militaires, stratégiques, culturelles. Gagner les cœurs et les esprits par le soft power, implanter 500 instituts Confucius, construire

1. La Malaisie a préféré refuser, le Sri Lanka a dû céder une partie de son port d'Hambantota faute de pouvoir payer, de nombreux pays africains, comme la RDC, sont en train de contracter des dettes colossales.

des centres de civilisations musulmanes comme à Tachkent, noires comme à Dakar, tisser un réseau planétaire de connexions auquel nul lieu tout autour du monde ne peut prétendre échapper. La route de l'Arctique pour exploiter les gisements pétroliers et gaziers de l'Alaska, le collier de perles des ports, Sittwe en Birmanie, Chittagong au Bangladesh, Hambantota au Sri Lanka, Gwadar au Pakistan, pour sécuriser les grandes routes maritimes et les relier aux corridors terrestres, coloniser par un peuplement han massif le Xinjiang, devenu une pièce maîtresse du dispositif, au détriment des Ouïghours, enfermés par milliers dans des camps dits de rééducation… Le projet planétaire de ces nouvelles routes de la soie, devenu en 2017 « l'initiative de la ceinture et de la route », n'est que la projection géographique de la visée hégémonique de l'empire chinois. Et rien ne le sert plus que le discours écologique !

Et la Chine a compris que les dogmes écologiques, tels qu'ils sont aujourd'hui déclinés, sont ses meilleurs alliés. Les grands prophètes de la lutte impérative, urgente et sans concession contre le changement climatique par la mise en place d'une économie non carbonée sont devenus à leur insu ses ambassadeurs les plus efficaces. Des « idiots utiles » comme le disait Lénine à propos des intellectuels occidentaux fascinés par le discours communiste, quand il conditionnait l'aide de l'Occident aux populations affamées de son pays à la reconnaissance de la Russie des Soviets. Miser sur le développement durable, comme le fait désormais le président chinois, s'en vouloir le parangon et le thuriféraire, quand on est dépendant de sources d'énergie qui se trouvent à l'étranger, quand on est le premier importateur de pétrole au monde, quand on a décidé de contrôler toutes les technologies de l'information et de la surveillance planétaires, évinçant les anciens rivaux européens (Nokia) et même américains (Apple, Microsoft), au profit de la mise en place d'une intelligence artificielle chinoise, contrôlée par le secteur militaire (Huawei), quand on dispose de gisements de terres rares sans lesquels il n'est pas de nouvelle révolution industrielle, c'est mettre en place toute la superstructure et les infrastructures qui rendront demain le monde totalement dépendant de la Chine.

Toute l'économie de la connaissance, la majorité des composants électroniques indispensables aux objets connectés et aux batteries des voitures électriques appelées à remplacer les moteurs thermiques, les panneaux solaires, les éoliennes, et même de nouvelles techniques comme l'hydrogène, tous supposés faire infiniment mieux que les techniques actuelles fondées sur l'utilisation de l'énergie fossile, préparent la domination de la Chine. Comment s'étonner que Xi Jinping, président à vie d'un pays qu'il contrôle de main de fer, soit un fervent adepte de la transition énergétique, tout prêt à apporter son aide désintéressée aux gentils Européens, si inquiets pour l'avenir de la planète ? Nous lui vendons nos ports (le Pirée en Grèce), nos aéroports (Toulouse), nos terres (les vignobles du Bordelais, les exploitations céréalières de l'Indre), nos fleurons agroalimentaires (Syngenta), nous acceptons que nos outils de contrôle et de surveillance deviennent chinois – et Huawei, fondée par des généraux chinois, a désormais dépassé Apple –, sans comprendre qu'au nom de nos valeurs écologiques, qui nous conduisent à renoncer à nos propres atouts, à notre propre technologie, nous sommes en train de nous transformer à notre insu en une périphérie dépendante d'une puissance autoritaire, dont l'écologie est vraiment, mais alors vraiment, le cadet des soucis. Même si elle replante des arbres par millions sur son territoire pour donner le change.

Et la Chine sait déceler les maillons faibles de cette Europe désunie pour s'immiscer, proposer des prêts généreux, des accords de partenariat. L'Italie endettée, la Grèce humiliée, le Portugal enlisé servent de chevaux de Troie pour les nouvelles routes de la Soie, et leurs ports, de voie d'entrée pour acheminer au cœur d'une Europe divisée le projet de domination chinoise.

Annoncer la fin du monde fait toujours recette. Et la recette est aussi vieille que l'humanité. Mais la fin du monde aujourd'hui, telle qu'elle est déclinée, n'est que la fin annoncée du bonheur européen au profit d'un monde sinisé. Pas étonnant que le dragon chinois ait enfourché le cheval de l'écologie !

Il est temps de nous réveiller, d'ouvrir les yeux : quand les Européens, au lieu de se déchirer sur la question des migrations, de perdre de vue le dessein de paix et de prospérité qui les a conduits à s'unir après les ravages de la Seconde Guerre mondiale, comprendront-ils enfin qu'ils ont façonné le monde le plus viable qui soit ? Et qu'ils sont en train, au nom de la planète, de l'écologie, d'une vision fausse de l'avenir, de le saborder par une culpabilité bien mal placée et des querelles intestines, indignes de gens non seulement très riches, mais censés aussi être très civilisés ?

C'est l'Europe qui a envoyé 50 millions de migrants peupler le monde entre le milieu du XIXe et la Première Guerre mondiale. C'est l'Europe qu'il a fallu reconstruire après le désastre de la Seconde : qui se souvient que toutes les grandes ONG humanitaires anglo-saxonnes (OXFAM, CARE, Save the Children…) ont d'abord été créées pour sauver les enfants européens de la famine et aider les millions de déplacés de l'Europe centrale ? CARE, très puissante ONG américaine créée en 1945, signifiait initialement Cooperative for American Remittancies to Europe. Les vingt mille premiers colis qu'elle a envoyés dans le vieux continent ont été débarqués au port du Havre, pour secourir des familles françaises dans le besoin, si malnutries que Pierre Mendès France lance en 1954 la grande campagne du verre de lait dans les écoles ! Ce n'est que lorsque l'Europe a commencé à aller mieux, tandis que commençait le grand mouvement de décolonisation du Tiers-Monde et d'émergence des jeunes nations, que la signification de son acronyme a changé. CARE est devenue Cooperative for Assistance and Relief Everywhere.

Sans le Plan Marshall, l'Europe aurait mis beaucoup plus de temps à se reconstruire. Les Américains nous ont envoyé leurs machines, leurs semences, les produits de traitement des cultures qui nous ont permis de devenir une grande puissance agricole. En France, les tickets de rationnement du pain ne sont supprimés qu'en 1949, le pays ne devient autosuffisant en blé qu'en 1970… Il en a longtemps importé d'Algérie ! Avons-nous oublié tout ce chemin ? Tout ce qu'il a fallu construire pour en arriver là où nous en sommes, la première puissance mondiale, 500 millions de consommateurs au niveau de vie le plus élevé de la planète, mais aussi au cadre de vie le plus agréable ? Un modèle de démocratie et de liberté.

Pauvre Europe qui a oublié d'où elle venait et pourquoi elle ne devait rien lâcher ! La Chine se régale de nos divisions. Et nous les cultivons. Qui s'est déchiré et abominablement balkanisé à la fin de la guerre froide ? L'Europe ! Alors que les frontières africaines, pourtant qualifiées par certains d'artificielles, ont résisté malgré les guerres civiles. L'Europe, elle, a donné naissance à une myriade de nouvelles nations, pour la plupart arc-boutées sur leur identité ethnique. Le grand massacre par les forces serbes des enclaves musulmanes de Bosnie-Herzégovine, Srebrenica d'abord (8 000 hommes et jeunes garçons tués en juillet 1995), mais aussi Tuzla ou Zepa, c'est bien en Europe qu'il s'est produit, non ? Ce sont aujourd'hui ces pays nouvellement intégrés à l'Europe, qui lui réclament leur dû, tout en dressant des murs contre ceux qui prétendent à leur tour bénéficier de la générosité due aux victimes de la guerre, de la misère, de la violence et de l'oppression, parce que ces pays se souviennent encore, eux, du chemin parcouru, et qu'ils tiennent plus que tout aux cadres économiques et juridiques de l'Europe, mais aussi à son parapluie militaire contre les ingérences extérieures (la fameuse protection de l'OTAN, qui exaspère Trump). L'Europe, si riche, si frileuse, si angoissée par l'avenir, a peur du climat, mais elle se sait aussi si privilégiée qu'elle se pense comme une forteresse assiégée, menacée par une invasion imminente. C'est le mythe du « grand remplacement » que certains leaders populistes situés aux extrêmes n'hésitent pas à invoquer pour justifier le repli sur soi et les réflexes xénophobes. Que nous dit-il ? Que les migrations, en provenance d'Afrique notamment, s'apprêtent à submerger l'Europe.

Cette assertion n'a strictement aucun fondement, mais elle enferme les plus anxieux dans la conviction que leur mode de vie est menacé, que nous sommes trop nombreux sur la terre, qu'il faut dresser des murs et renforcer les frontières. Entre la défense de la planète menacée et la peur des miséreux prêts à nous submerger, il existe des corrélations, fondées sur le néomalthusianisme, la crainte de manquer de ressources, l'idée que le vaisseau terre n'a qu'une capacité d'accueil limitée, que les ressources du monde constituent un stock fini qu'il faut découper en des portions de plus en plus petites au fur et à mesure que le nombre des hommes s'accroît et qu'ils souhaitent mieux vivre.

Pourtant, une telle peur repose elle aussi sur une erreur d'analyse.

D'abord, l'essentiel des mouvements de population se fait à l'intérieur du continent africain. Vers les grandes villes, souvent en position littorale car issues de la colonisation, façades modernes et mondialisées de l'Afrique, mais aussi vers les pays les plus attractifs, en termes de croissance économique et d'opportunités d'emplois : Côte d'Ivoire, Maroc, Sénégal, Guinée Équatoriale, Cameroun, Kenya, Éthiopie… On quitte les campagnes pour les villes, les régions périphériques ou enclavées pour les littoraux urbanisés, les pays pauvres pour ceux qui offrent des opportunités d'emploi. Plus des neuf dixièmes des migrations des Africains restent en Afrique.

Ensuite, il ne faut jamais se fonder sur le présent pour écrire l'avenir : comme le passé, l'avenir est un autre univers. Aujourd'hui l'Afrique est pauvre et cherche sa voie, mais qui peut assurer que demain, elle ne sera pas au contraire un continent attractif, dont les ressources considérables attireront les migrants du monde entier, tandis que l'urbanisation et l'élévation des niveaux de vie provoqueront une baisse rapide de la natalité ? Déjà de nombreux « repat » (les expatriés, mais à l'envers !), jeunes, diplômés, ambitieux, se réinstallent dans les villes africaines parce que la demande des nouvelles classes moyennes (300 millions de personnes, en augmentation très rapide) est considérable.

C'est ce qui s'est passé en Asie. La Corée du Sud est désormais plus développée que la France. La Chine suit la même trajectoire. Pourtant, en 1969, le rapport Pearson produit par la Banque mondiale expliquait que la Corée du Sud ne pourrait pas se développer car elle était trop pauvre, surpeuplée, dévastée par la guerre avec le Nord. Quant à la Chine, elle sera sans doute la première puissance mondiale avant 2030 !

Selon le FMI, les immigrés subsahariens installés dans les pays de l'OCDE pourraient représenter… 2,4 % de la population en 2050 contre 0,4 % actuellement, et en Europe tout au plus 3 à 4 %. Nous sommes bien loin d'un prétendu « grand remplacement » ! Le spectre d'une « ruée » de l'Afrique sur le monde, d'une « invasion » de l'Europe par des hordes venues du Sud ne résiste pas à l'analyse. Aujourd'hui, 300 millions de personnes dans le monde environ vivent dans un pays autre que leur patrie d'origine. Personne n'a envie d'être durablement déraciné. Et plus on avance en âge, plus on éprouve la nostalgie de son enfance, ce qui nous pousse d'ailleurs à repeindre le passé en rose. Arrêtons, nous les Européens, de nous croire supérieurs au reste du monde, de nous autoproclamer gardiens de la planète et de donner des leçons à tous ceux qui ont décidé de prendre leur destin en main.

Et l'Europe doit reconstruire son unité fissurée par les ambitions chinoises et la peur de l'Afrique. Et elle doit inverser son regard : oui à l'Afrique et non à la Chine. Redevenons fiers de ce que nous avons su construire, et accueillants contre ceux que guettent d'autres tentations. Autoritaires. Hégémoniques. L'écologie ne doit pas devenir le cheval de Troie de la domination chinoise, mais le moyen de construire avec l'Afrique de nouveaux partenariats fondés sur une complémentarité historique, géographique, culturelle… et écologique, pour construire une Eurafrique prospère, pacifique. Et démocratique.

Fin du monde ou fin du mois ?

Mi-novembre 2018, après avoir démissionné de son poste de ministre de l'Écologie, numéro trois du gouvernement français dans l'ordre protocolaire, et pris trois mois de vacances pour parcourir le monde avec sa famille, Nicolas Hulot, ancien animateur télé spécialisé dans les reportages en milieux extrêmes, fait son grand retour à la télévision pour annoncer illico la fin du monde. Aussitôt, les émissions se multiplient. Des scientifiques, dont un obscur « astrophysicien », une profession qui en impose (même si elle ne vous donne pas la moindre compétence pour vous autoriser à prédire le pire), un climatologue de renom, et quelques stars de la télévision, acteurs, « people » en mal de visibilité, lui emboîtent le pas. Incroyable comme le fait d'être acteur – donc de passer votre vie à endosser des vêtements qui ne sont pas les vôtres – semble autoriser certains à déclamer d'une voix sépulcrale les pires prophéties, exigeant des gouvernements, qui financent leur carrière à coups d'aide à la création artistique, qu'ils s'amendent séance tenante.

Face à la menace terrifiante d'une fin du monde dont la date, même approximative, n'est jamais donnée, sinon dans un futur suffisamment proche pour vous ficher les chocottes (mais assez lointain pour que personne ne puisse vérifier, d'autant que les sociétés ont la mémoire courte), les mesures les plus énergiques s'imposeraient, même si elles se révèlent impopulaires et hors de portée immédiate d'une grande partie de la population française. Quand l'urgence le dicte, quand la planète est en danger, la dictature se profile. Il faut en finir avec l'économie dite « carbonée », bannir les automobiles à moteur thermique, l'usage des énergies fossiles, l'agriculture dite productiviste, les déplacements en avion. Et, parce que le dérisoire côtoie toujours l'essentiel dans ce type d'alarmisme, on vous demande de prendre des douches plutôt que des bains, de fermer l'eau du robinet quand vous vous brossez les dents (comme si l'eau ainsi gaspillée allait s'évaporer dans l'espace), et de proscrire l'usage des pailles, qui tuent non les ours blancs cette fois, mais les tortues. Tout comme les lâchers de ballons dont elles font hélas bombance. Ce qui n'empêche d'ailleurs pas un nombre ahurissant de cérémonies mémorielles de continuer à les envoyer dans le ciel. Comme si les deux univers, celui de la commémoration et celui de l'écologie, fonctionnaient en vases clos et cloisonnés.

Les sauveteurs autoproclamés de la planète ont leur liste noire des abominables mécréants. Mais ils s'attaquent rarement aux vrais responsables, parce qu'avec ces derniers, ils passent à côté de très rentables accords de partenariat. Alors on incrimine ceux qui… prennent des bains. Pourtant, l'eau n'est pas perdue, il faut juste la recycler. Réserver l'eau potable à autre chose que l'évacuation de nos toilettes, immense avancée hygiénique récente dont le bilan écologique est rarement questionné, serait déjà un pas autrement plus considérable. Et je ne préconise même pas les abominables toilettes sèches, juste la possibilité de ne pas utiliser le même réseau pour la boisson et le popo. On vitupère ceux qui osent pique-niquer avec des couverts en plastique pour fêter l'anniversaire de la petite dernière (en lâchant des ballons), sans parler de la restauration collective et des fast-foods, immenses pourvoyeurs de déchets en plastique et d'emballages uniques. C'est par là que les efforts doivent commencer, à l'échelle planétaire. Pas en imposant au particulier de compenser tout seul toutes les erreurs commises en amont. Mais les prophètes adorent trouver des boucs émissaires proches, faciles à montrer du doigt et incapables de se défendre. Sur la plus haute place du podium, ceux qui roulent en voiture (j'en reparlerai) et ceux qui ne trient pas leurs déchets. Des légions de personnes vertueuses s'évertuent ainsi individuellement à compenser l'addiction au plastique et à l'emballage des industriels, qui mettent sous blister inviolable la moindre clé USB à deux balles, enveloppent chaque objet d'une armure de plastique, de polystyrène et de carton. Des anges vertueux encombrent ainsi leur cuisinette de multiples récipients et effectuent (on l'espère à pied) d'innombrables trajets vers des bennes multicolores, où l'erreur d'affectation sera bientôt menacée de mort. Il existe déjà des brigades de surveillance des poubelles dans le monde anglo-saxon, où on ne plaisante pas avec la morale publique et le devoir de surveillance du voisin. Les amendes peuvent être colossales, la vindicte sociale implacable. L'industrie très rentable du recyclage vit ainsi grassement sur notre dos, et celui des municipalités : plus vous triez, plus elles paient. Tout un tas de structures très malignes sont généreusement subventionnées pour dépenser des sommes considérables afin de récupérer des rogatons au prix d'un nombre incalculable d'opérations, dont le bilan écologique peut être sérieusement questionné. Le reste, ce qui est trop sale ou trop compliqué, est balancé directement hors de notre vue, chez les pauvres du Sud, trop contents de récupérer nos déchets, comme se l'imagine un célèbre animateur de télé, tout de noir vêtu, qui se flatte d'envoyer en Afrique ses stylos à moitié usés. La Chine vient de dire stop : elle a changé de statut et ne veut plus s'abaisser à pareille activité. L'Inde, le Mexique, le Nigeria continuent, eux, de s'empoisonner, à tous les sens du terme, pour trier nos poubelles. Ne faudrait-il pas plutôt repenser le cycle de production et de distribution ? Nous allons au contraire vers l'explosion des emballages, par l'individualisation des services, des portions, la multiplication des objets. Alors le bon citoyen dépose pieusement son petit sac soigneusement trié dans la bonne poubelle, car nous serions tous, n'est-ce pas, des « colibris », qui devons prendre notre part individuelle, si minime soit-elle, à la grande mobilisation planétaire. Un certain nombre de personnes, sincères, affolées, s'engagent ainsi dans une grande œuvre de sanctification écologique, prétendant placer leur vie sous le signe de la pureté intégrale et de la réconciliation avec la nature car, n'est-ce pas, tout est connecté. Elles s'infligent et infligent à leurs proches tout une liturgie de gestes sacrificiels, censés sauver la planète. Et ces sacrifices sont si pénibles, si douloureux au quotidien que la privation les transforme petit à petit en implacables censeurs, pétris de haine contre ceux qui n'épousent pas leur cause et ne s'associent pas à leur combat.

Pourtant, que pèse le colibri face aux milliers d'unités de désalinisation d'eau de mer, aux monstrueux minéraliers, porte-conteneurs, gigantesques paquebots de croisières, ce tourisme hors-sol qui vampirise les territoires sans rien produire d'autre que de l'artifice et du déchet, aux énormes vraquiers qui font la mondialisation maritime, aux millions de centrales thermiques que compte le monde, qui consomment et recrachent à qui mieux mieux ? Les grandes avancées viendront de la progression des techniques de ces installations immenses, où le moindre « découplage » entre ce qui est consommé en termes d'énergie et de matières premières et ce qui est produit donne immédiatement des résultats tangibles. Et tous ces secteurs, justement, travaillent à qui mieux mieux à améliorer leur intensité énergétique, ce qui rend parfaitement dérisoire et insignifiant votre pédalage effréné pour recharger votre portable, spectacle qui dans les gares plonge toujours dans la consternation. Les colibris n'ont pas à se muer en galériens, et c'est pourtant trop souvent ce qui leur arrive. On raconte aux enfants (sans que la morale de l'histoire ne m'apparaisse très claire) ce conte de la fourmi qui essaie d'entrer dans un abri où se trouvent déjà l'ours, l'éléphant et la girafe, et qu'on rejette parce qu'elle prend vraiment trop de place. Comme la fourmi, le colibri est toujours responsable, c'est bien connu.

Et puis, parlons d'une autre « pollution » (en réalité, le CO2 rejeté dans l'atmosphère n'a rien d'une pollution, puisqu'il s'agit d'un composant de l'atmosphère) dont on parle peu, alors qu'elle est, elle, monstrueusement énergétivore. D'autant plus énergétivore que les nouveaux zélés de la planète en font une consommation intensive, puisque leur combat repose sur le lancement de campagnes de mobilisation, la signature de pétitions, la tenue de blogs, l'organisation de grandes conférences. Celle générée par l'utilisation d'Internet. Le colibri pédale certes, mais surtout il clique, il clique, il clique. Pour relayer ses indignations, diffuser à travers toute la planète l'image de ce pauvre ours blanc sur sa banquise, incriminer les utilisateurs de bagnole, alors que lui, dans son cœur de ville douillet, ne jure que par le vélo – et désormais la trottinette électrique.

Or, les immenses serveurs du web, qui archivent l'indispensable connaissance véhiculée par la gigantesque poubelle du web planétaire, rejettent une fois et demie plus de gaz à effet de serre que la totalité du transport aérien ! La consommation d'énergie de chacun d'entre eux dépasse très largement celle d'une ville moyenne. Ils créent tellement de chaleur qu'il a fallu les installer dans des forêts boréales. Et tout ça ne compte pas ? C'est d'ailleurs un argument dangereux que je brandis là, car l'étape suivante du Grand combat risque de vouloir interdire, après l'avion et l'auto, l'usage de l'ordinateur à tous ceux qui n'ont pas préalablement réussi un nouvel examen, le certificat d'écologiste parfait (CEP). Appelé hier Certificat d'études primaires.

Il serait d'autant plus justifié que la moitié du trafic mondial est générée par ce qu'on appelle des bots, c'est-à-dire de faux utilisateurs, prolétaires d'aujourd'hui entassés dans des fermes à clics. Faux sites, faux clics, fake news, vidéos chocs, tout est bon pour générer du trafic, donc de la publicité, « une industrie mondiale de la falsification et de l'altération », comme le résume le chercheur Olivier Ertszcheid, spécialiste du World Wide Web.

Pourtant, de cela ne tiennent aucun compte les moines-soldats de l'écologie radicale, aussi intransigeants que radicaux. Qui prétendent imposer une austérité monacale au reste du monde, mais multiplient les publications, les sommets, les colloques, les pétitions… Et, s'ils le peuvent, les mandats politiques gratifiants et les postes rémunérateurs à la tête de grandes organisations, aussi puissantes que brailleuses. Les mandats politiques aussi, dans de micro-partis, mais rentables. Examiner leur mode de vie renvoie ainsi très vite à un certain nombre de contradictions, dont la recherche de la zénitude à l'autre bout du monde en utilisant sans vergogne avions, hélicos et la bagnole des autres n'est pas la moindre. La recherche de la réconciliation harmonieuse avec la gentille nature ne va pas sans de féroces combats, qui nécessitent pour le moins un activisme planétaire. L'écologie est une science de la biodiversité quasi magique puisqu'elle a le don de transformer les innocents petits colibris en hargneuses harpies.

Et ces harpies ont besoin de légions de combattants d'autant plus dévoués à la cause qu'on les a préalablement embrigadés par d'abominables visions de pauvres ours blancs échoués sur la banquise. Alors ils réquisitionnent la jeunesse. Tous les fans de *Game of Thrones* savent qu'il ne fait pas bon jouer avec la volonté de pureté des « moineaux », ces jeunes fanatiques qui se gravent au couteau sur le front le signe de leur ralliement. Cersei l'éprouve à son détriment quand elle défile nue et enchaînée sous une foule éructante, haineuse, après avoir cru intelligent de mobiliser le mouvement des moineaux contre sa trop ambitieuse belle-fille. Son fils en mourra.

Préparer une société élitiste où tout devient plus cher et plus pénible, c'est marcher résolument à rebours de l'histoire. Il se trouve que neuf millions de personnes vivent toujours sous le seuil de pauvreté en France. Que les territoires périphériques où ils sont souvent contraints de vivre sont mal desservis en emplois et en services. La fracture entre les élites urbaines hyper connectées et le reste du monde qui rame au quotidien n'est pas seulement française, elle est devenue mondiale. Les élites aiment les mégalopoles, les classes moyennes précarisées les trouvent invivables, les pauvres n'y ont plus leur place et toutes sortes de stratégies sont mises en place pour les en chasser, les péages à l'entrée pour leurs vieilles voitures, pour ceux qui ont réussi à s'en procurer une bien sûr, le stationnement quasi impossible, des forces de police pratiquant à outrance le délit de faciès, jusqu'aux bancs conçus pour que les sans domicile fixe, qui sont parfois des travailleurs si pauvres que leur salaire ne permet pas de les loger, ne puissent plus s'y allonger.

Partout, les gens dits de peu se révoltent. Ils n'en peuvent plus de toutes les taxes, les contrôles, les interdictions qui se multiplient. De la cherté quotidienne de la vie.

La colère populaire est souvent excessive, caricaturale, récupérée par les mouvements les plus violents, les plus extrémistes, mais ses fondements initiaux sont toujours justifiés : une vie qui devient plus difficile, le sentiment d'être dépassé, humilié, de ne plus rien maîtriser, de vivre dans un monde qui vous échappe et où votre vie, vos souffrances ne comptent plus. À Haïti, au Venezuela, en Inde, les peuples se dressent dès que la vie devient trop dure. Mais pas seulement là-bas.

En France, le gouvernement, aiguillonné par un mouvement écologiste dont il espère récupérer les voix pour affermir une majorité fléchissante, a cru bon d'annoncer à ceux qu'on aime appeler les provinciaux, ces êtres étranges et ringards que les Parisiens ne trouvent exotiques et supportables que l'été, lorsqu'ils viennent occuper leurs territoires (l'inverse déchaîne leur ire et leurs railleries), que leurs voitures au diesel étaient criminelles pour la planète. Après les avoir poussés à en acheter par paquets. Que les chaudières au fuel qu'ils ont été incités à remplacer et qu'ils sont encore en train de rembourser seraient bien mises au rancart. Que les grandes villes leur seraient bientôt interdites. Que le carburant qu'ils utilisent va devenir prohibitif pour cause de taxe carbone, puisqu'il faut sauver la planète. Que les contrôles techniques devenus obligatoires vont devenir si draconiens que leurs voitures, celles qu'ils sont encore en train de payer, seront recalées. Hier aimé au point d'être largement subventionné, le diesel incarne désormais l'horreur écologique. Tant pis pour le parc automobile français, qui roule massivement au diesel. La prétendue « fiscalité écologique » devient une arme et surtout un prétexte aux mains d'un gouvernement en mal de financement.

Alors le Français s'insurge. Il enfile l'un de ces accessoires rendus obligatoires par le gouvernement dans sa voiture, avec le triangle de signalisation fluorescent, l'alcootest, la ceinture pour les enfants, la cage pour le chien, l'interdiction du téléphone et de la nourriture au volant, le radar anti-vitesse… Le gilet jaune devient l'uniforme du prolo qui n'a d'autre choix que d'utiliser sa bagnole.

Des centaines de milliers de Français qui n'ont pas le privilège de vivre au cœur de Paris enfilent donc leur gilet jaune de protestataires, convergent vers les ronds-points, nouveaux lieux de sociabilité bon enfant, où l'on construit des cabanes, crée des feux de joie, régule la circulation. Voilà les gens de peu désormais détenteurs d'un pouvoir, qui peut devenir exorbitant quand ils décident de couper les autoroutes, ou de détruire radars et péages. Mais les gilets jaunes en ont assez qu'on leur raconte des bobards au nom de la planète et de celui de la « transition énergétique ». Leur uniforme, dont les instruits se gaussent (« jaune la couleur du traître, ou du cocu »), c'est le symbole du ras-le-bol. Oui, ils sont cocus ! Oui, ils ont été trahis.

Les mots d'ordre se multiplient. Et le premier d'entre eux, c'est « on se retrouve samedi ! ». Pour les invisibles et les déclassés, l'économie n'est pas dématérialisée. Alors le samedi, ce jour réservé aux tâches qu'on ne peut pas exécuter le reste de la semaine parce qu'on travaille, et qu'on n'a pas envie de faire le dimanche parce qu'on se repose en famille, le voilà assigné aux retrouvailles des mécontents, des oubliés, ces gens sans importance dont le président français estime qu'ils sont les premiers responsables de leur sort, puisqu'il suffit de « traverser la rue » pour trouver un job et pouvoir se payer un costard.

Mais le prolo a eu beau traverser la rue, il s'est retrouvé dans la même mouise de l'autre côté. Alors il a rendu la rue circulaire : le rond-point, espace de la convivialité, de la non-collision. Le cercle, symbole de la perfection et de la fluidité. Tout le monde dans le même sens ! Le rond-point, ce miracle de l'économie administrée, dispositif censé fluidifier la circulation et éviter les accidents aux intersections, en apportant surtout subventions et emplois aux collectivités locales que la faillite menace, la France en compte… trente mille. Ils deviennent des espaces de rencontre, eux que les municipalités ont souvent eu à cœur d'utiliser en les transformant en symboles d'une culture locale : en Camargue, les gardians et les flamants, à Montélimar la borne de nougats, à Saint-Claude, les pipes, à La Palud, les balais…

La carte des ronds-points devient une géographie de la résistance, celle de gens las d'être taxés aujourd'hui au nom de maux futurs, dont la réalité leur paraît moins tangible que leurs difficultés à boucler les fins de mois. Des experts ont beau leur assurer à la télé que le pouvoir d'achat s'améliore, que le passage à l'euro n'a pas renchéri le coût de la vie, l'expérience quotidienne leur indique le contraire : tout est devenu cher et compliqué. La « dématérialisation de l'économie », dont le coût écologique réel, d'ailleurs, est infiniment supérieur à la gestion intelligente des forêts pour fabriquer un bien innocent papier, en captant du CO2 au lieu d'en recracher comme les méga serveurs du Web, impose désormais à chacun de posséder ordinateurs, téléphones portables, imprimantes, et autres matériels électroniques. Dont il faut payer l'achat, l'abonnement, les réparations et le remplacement. Chaque membre d'une famille possède désormais les siens. Ils se cassent, cessent de fonctionner (obsolescence programmée !). Il faut les renouveler sans cesse, puisque le progrès, les nouveaux logiciels, que les gouvernements ne sont pas les derniers à imposer, et leurs incessantes « mises à jour » rendent rapidement les « vieux » appareils inutilisables.

Hélas, les citoyens aussi auraient besoin d'être régulièrement mis à jour. Mais ils résistent. Le géographe Samuel Depraz a calculé que les dépenses contraintes dans le budget d'une famille (voiture, chauffage, communication, immobilier...) mobilisent près de 30 % du revenu. Il y a un demi-siècle, c'était 12 %. Exactement l'évolution inverse de l'alimentation, passée de 40 % du budget des ménages en 1960 à 12 % aujourd'hui. Sauf que c'est souvent sur ce dernier que se fondent les commentateurs pour vous expliquer doctement que le coût de la vie n'a pas augmenté.

Sans compter les taxes, les amendes, les contrôles, qui se sont multipliés. Tout devient prétexte à ce que l'État se serve. La fiscalité se fait de plus en plus intrusive. Voilà qu'on parle à présent de supprimer l'argent liquide. De dresser des portiques et des péages, rançonnant les automobilistes... Combien de véhicules hors d'âge permettent aux chômeurs d'espérer encore trouver un boulot, même loin de chez eux – comment vivre au cœur des villes dont les loyers ont explosé ? –, aux étudiants de se déplacer, aux familles nombreuses d'aller une fois par semaine remplir le coffre à l'hypermarché ? Le jeune et beau président ne comprend pas d'ailleurs pourquoi les pauvres s'obstinent à vouloir rouler en voiture qui pollue. Il existe de magnifiques modèles électriques, presque donnés puisque l'État fournit une aide généreuse qui vous garantit un endettement sur dix ans.

Leur autonomie est dérisoire, leur coût prohibitif, la revente quasi impossible, d'autant que la batterie, qui constitue près de la moitié du prix du véhicule, reste la propriété du fabricant.

La voiture devient trop chère pour les pauvres ? Vive l'autocar ! Ces fameux « cars Macron », qui traversent la France à tombeau ouvert pour pas cher, sans consommer d'essence ni polluer. Et permettent de fermer toutes les petites lignes de chemin de fer, de toute façon déficitaires. Tuant un peu plus sûrement des territoires ruraux où subsistent difficilement des paysans de plus en plus conspués pour avoir relevé le défi de nous nourrir en toute sécurité.

Tant pis pour les ruraux : il faut arrêter de vivre dans le passé, se disent les élites connectées, qui pensent sans doute qu'on produira demain le blé avec des imprimantes 3D. Le vieux monde est révolu. Dans les « smart cities » de demain, ces merveilleuses villes « compactes » à l'« énergie positive » qui se préparent, le pauvre n'aura plus besoin de sa voiture, les hypermarchés n'existeront plus. De petits commerces de proximité pas chers du tout permettront aux travailleurs – et surtout aux travailleuses, car au bout du compte ce sont toujours les femmes qui s'y collent – de remplir leur panier, en passant de longues heures le soir à faire les courses, boutique après boutique, comme au bon vieux temps, leurs paniers à la main (plus d'emballages ! plus de date de péremption !). Acheter de petites quantités de nourriture (bio) vendue à prix d'or, le secret du bonheur ! La frugalité !

La simplicité volontaire ! Le bonheur de cuisiner soi-même, comme au bon vieux temps, pour retrouver le bon goût du vrai et de l'authentique. Avant de laver les couches de bébé, les mouchoirs de tout le monde et autres accessoires intimes, évidemment avec de l'eau bouillante, portée à ébullition par le miracle du Saint-Esprit. Le bonheur de la lessiveuse ! Dommage que nos arrière-grands-mères ne soient plus là pour nous en parler. Une consommation effrénée d'eau, de lessive, d'huile de coude. À moins d'acquérir les formidables machines à laver « intelligentes » et « connectées », qui se programment elles-mêmes, avec une électronique (chinoise) infaillible qui ne tombe jamais en panne. Sinon, retour au battoir et au lavoir ! La convivialité. Le lien social. À tout prendre, se disent les gilets jaunes, celui du rond-point a le mérite d'être immédiat, gratuit, et autrement moins épuisant.

Il faut entendre les riches préconiser aux pauvres de revenir aux tâches hautement valorisantes d'antan ! Le temps perdu par les femmes et par les pauvres à des activités sous-qualifiées est considéré de toute façon comme sans valeur. La pénibilité jamais prise en compte. Marcher, trier, cuisiner, laver, attendre des transports en commun qui ne viennent pas, qui sont sales et parfois dangereux, risquer sa vie dans des villes désormais plongées dans le noir après 23 heures au nom de la planète… toutes ces aberrations sont en train de nous imposer un immense retour en arrière. Que les moines-soldats trouvent exaltant, parce que beaucoup ont le temps (la retraite, ce que les générations futures ne connaîtront pas), de l'argent (CSP +++), et, pour ceux qui n'ont ni l'un ni l'autre, parce que les jeunes aujourd'hui galèrent, la motivation chevillée au corps. Quand on se bat pour la planète, on pense moins à faire la révolution sociale. Le temps de cerveau disponible est occupé par un petit colibri.

Comme on pouvait s'y attendre, les manifestations des gilets jaunes dégénèrent en insurrection nationale : lycéens, routiers, agriculteurs, syndicats se joignent au mouvement. La transition écologique et la prétendue fin du monde pèsent bien peu de poids face à la détresse quotidienne de petits chefs d'entreprise, artisans, paysans, qui se sentent accablés de taxes, de contrôles, de charges, d'impôts, avec des procédures d'une effroyable complexité, et doivent en outre affronter l'horreur administrative.

Les samedis de la France deviennent le cauchemar du gouvernement. Partout, le mouvement des gilets jaunes s'élève contre ce qu'il perçoit comme une série de mesures aussi coûteuses qu'inutiles, vexatoires et peu adaptées aux difficultés du quotidien. Les gens de peu, qui occupent les ronds-points, bloquent la circulation, défient la police et allument des feux de joie. Mais chaque samedi devient un peu plus violent. Les médias qui ont complaisamment amplifié le mouvement à son origine s'en défaussent, maintenant qu'ils sont eux aussi pris à partie – ne font-ils pas partie des privilégiés, eux dont les journaux sont subventionnés, eux qui lorsqu'ils résident à Paris, font partie de ces élites que le peuple aime haïr (même si, en réalité, une partie croissante de cette profession est de plus en plus précarisée) ? Dans un grand mouvement de défense corporatiste, voici les médias, à l'origine si indulgents, si ravis de pouvoir occuper l'antenne pour une cause de proximité qui ne coûte pas cher à couvrir, de plus en plus sévères, de plus en plus enclins à conférer une visibilité exacerbée aux dérives, aux faux pas. Et la scission de se creuser entre la France d'en haut et celle d'en bas, qui estime ne rien avoir à perdre puisque de toute façon on ne l'écoute pas.

Alors, le mouvement progressivement se radicalise. Initialement le rond-point était devenu le lieu de l'identité, les nouveaux citoyens du pavé en avaient fait un espace rassurant, le cœur d'une place où l'on occupe une position dominante, qui vous remet au centre de l'espace urbain, ils arboraient leurs gilets jaunes, comme un symbole de leur contestation pacifique, le plaçaient bien visible derrière le pare-brise, comme un signe de ralliement national, l'uniforme rassembleur de ceux qui se sentent laissés pour compte.

Tout dérape. Des casseurs s'infiltrent, équipés pour des guérillas urbaines. Les plus violents cassent, détruisent, provoquent. Le gouvernement réagit par la même violence, utilisant à son tour des armes de guerre. Il a beau jeu de railler les revendications protéiformes d'un peuple dépassé par sa base, de moquer un mouvement qui manque d'organisation parce qu'il a décidé de jouer à saute-mouton avec les syndicats, perçus comme trop proches du pouvoir. Les élites se gaussent de ce que ces pauvres, qui par ailleurs « coûtent un pognon de dingue », manquent singulièrement de cohérence puisqu'ils voudraient à la fois plus de services publics et moins d'impôts. Comme si l'argent des impôts ne payait pas aussi une infinité d'autres choses que des services publics, innombrables comités Théodule pour des rentiers de la république payés à prix d'or, inflation des dépenses de communication, décisions industrielles stupides, portails de l'écotaxe, monuments de prestige, changements ruineux de logiciels, de dénominations et de logos... Comme si le citoyen était aveugle devant tout ce que s'autorise l'État français, l'un des plus dispendieux au monde ! Mais ce serait les pauvres qui coûteraient un pognon de dingue... L'arrogance face aux petites gens, et même aux classes moyennes, assortie de la conviction d'avoir raison et d'être tellement intelligent, rend aveugle et sourd face aux revendications de la rue.

Erreur fatale : le mouvement aurait dû cesser immédiatement si le gouvernement avait tout de suite annoncé l'abandon des taxes, l'ajournement des contrôles techniques et autres mesures de pacification, comme il le fera quelques semaines plus tard pour de nouveau changer d'avis ensuite, au gré d'influences contradictoires, laissant ainsi le mécontentement s'enkyster au point de devoir s'éterniser.

Pourtant, voyant se profiler les élections européennes, le gouvernement en mal de majorité a décidé de transformer la bronca en une immense catharsis nationale, parée du beau nom de « grand débat », dans l'espoir, ayant perdu les voix écologistes, de grappiller celles du peuple, infiniment plus nombreuses il est vrai. Voilà le beau président en bras de chemise blanche lancé dans d'interminables débats qui lui assurent une présence médiatique massive et continue. Sa popularité remonte. Il a renoncé aux voix écologistes, mais il est en train de grignoter la droite, le calcul électoral est vite fait. Il faut psychanalyser le peuple. Lui permettre de s'épancher plutôt que de le laisser se défouler. Recueillis par les mairies, des cahiers de doléances qui rappellent les beaux jours précédant la révolution française de 1789 se remplissent dans toute la France. Plus ils seront épais, plus il sera aisé à la puissance publique de trancher en dernier recours selon ses propres priorités, en prétendant suivre la *vox populi.* Et la caste intellectuelle de pointer les prétendues contradictions des gens de peu.

Pourtant, si les gilets jaunes paraissent divisés, ambivalents, désordonnés, leur mot d'ordre peut se résumer très simplement : foutez-nous la paix. Stop aux normes, aux contrôles, aux injonctions contradictoires, la multiplication des formalités, l'insondable complexité administrative, la multiplication des petits prélèvements qui finissent par faire les gros impôts. Pas directs non, mais cette fiscalité cachée, apparemment indolore, et en réalité devenue trop lourde. La fin du mois avant la fin du monde. Cessez de nous prendre pour des vaches à lait au nom d'une écologie dont vous avez tant fait une menace et un prétexte que nous en sommes venus à la détester. Nous aussi, nous aimons les petits oiseaux et la nature, mais cessez de les brandir pour nous tondre comme des moutons. Ne jouez pas au loup avec nous.

Fin du monde ou fin du mois ?

La grande révolte populaire des classes moyennes, lasses d'être ponctionnées de tous les côtés au nom des générations futures et du sort de la planète, voilà ce que dit le mouvement des gilets jaunes. Et même s'ils se radicalisent, s'ils sont parfois dévoyés par une récupération d'extrémismes opportunistes, leur message mérite d'être entendu. Pour construire une société durable, il faut restaurer la confiance en l'avenir et la fierté de ce qu'on est. Pas agiter des peurs et inventer des vexations multiples et permanentes pour disqualifier l'histoire, les victoires et le labeur acharné des personnes qui ont cru, sincèrement, qu'elles pourraient améliorer leur vie et celle de leurs enfants. Et sont renvoyées brutalement à un sentiment de précarité et à la remise en question de leurs choix, de leurs efforts, de leurs espoirs.

L'Apocalypse redondante

Que face au mouvement des gilets jaunes le gouvernement ait d'abord réagi par le mépris et l'arrogance – « Nous ne dévierons pas notre ligne d'un iota car notre combat est juste : n'oubliez pas, pauvres inconscients, que c'est de la fin du monde qu'il s'agit » – est symptomatique du malaise français, et plus globalement européen. Car les mouvements populistes italiens, allemands, grecs, espagnols, surfent sur la même ligne. Partout, les élites sont de plus en plus coupées du reste de la société, elles ne vivent pas au quotidien les contraintes et les nécessités de la vie en « province », ce délicieux mot inventé sous l'Ancien Régime. La césure et l'incompréhension ne sont donc pas nouvelles : dès Molière, avec les *Précieuses ridicules* et *Monsieur de Pourceaugnac*, les provinciaux sont tournés en dérision par les Parisiens. Les médias le savent bien et, pour éviter de paraître péjoratifs, utilisent des périphrases telles que les « territoires », « en région »… En les entendant, il n'est pas un Parisien qui ne comprenne « chez les ploucs ».

En France, cette cécité et cette arrogance des élites ont radicalisé le mouvement, car le Français est un être grognon, râleur, persuadé de détenir la vérité et prompt à s'échauffer. Chaque semaine, des gilets jaunes de plus en plus énervés s'en prennent aux symboles des institutions publiques. Au moment de la grande période des achats de Noël, Paris et les autres grandes villes se retrouvent en état de siège. Le consumérisme en prend un coup – magasins fermés, banques barricadées – mais, curieusement, le gouvernement français, qui adore pourtant citer les prophètes de la sobriété volontaire, semble soudain détester cette sobriété involontaire. En voyant l'économie française tourner au ralenti, les rentrées fiscales se tarir, le désordre gagner l'ensemble du pays, il commence donc à lâcher du lest. « On ne va pas tout de suite vous imposer la voiture électrique et bannir vos véhicules au nom de normes anti-pollution trop contraignantes, ce ne sera que dans six mois. » Nouvelle fureur des gilets jaunes. Au nom de la fin du monde, voilà la fin du diesel reportée d'une demi-année. Et 10 milliards de dépenses publiques lâchées d'un seul coup, qui procurent soudain une embellie à l'économie française, preuve que le keynésianisme généreux a encore de beaux jours devant lui.

Pourtant, arrogance gouvernementale contre réalités locales, l'affrontement s'enkyste, donnant au reste du monde l'image d'une France plongée en pleine guerre civile. Au nom de cette écologie dont son jeune président avait voulu faire un instrument de visibilité et de pouvoir international. « *Make planet great again* »... le slogan que le jeune Macron avait cru bon de renvoyer à la face du vieux briscard Trump, qui voulait redonner sa grandeur à l'Amérique, lui revient en pleine gueule. Trump ricane et envoie des conseils de gestion publique au petit ambitieux qui lui avait déroulé le tapis rouge en s'imaginant l'amadouer, pour mieux le désavouer ensuite. « Il aime beaucoup me prendre la main, mais comme il m'a pris pour un imbécile, je vais maintenant lui botter le cul. »

Face à la détermination des gilets jaunes, auxquels se sont joints tous les opportunistes à l'affût, casseurs, révolutionnaires, anarchistes, extrémistes « insoumis » d'extrême gauche et bleu marine d'extrême droite, réactionnaires du mariage pour tous et nostalgiques de la royauté, qui jettent à qui mieux mieux de l'huile sur le feu, le gouvernement français s'empêtre. Grande débandade où on se marche à reculons sur les pieds. L'amateurisme et l'incompétence de la légion de jeunes députés, surgis en politique à la faveur du kidnapping politique macronien, font la joie des chaînes de télévision et de radio, en une grande surenchère du vrai n'importe quoi. Désavouant ses propres troupes, qui justifiaient à qui mieux mieux les choix de leur chef, le gouvernement finit par renoncer à la fameuse « taxe carbone ». Provisoirement.

C'est alors que surgit opportunément une pétition sur l'urgence climatique, lancée par quatre organisations non gouvernementales financées par le gouvernement. Elle recueille des milliers de signatures en un temps tellement record que la faisabilité informatique d'un tel prodige laisse sceptiques même les mieux intentionnés. Le mouvement, initié par celles qu'en Afrique on appelle les GONGO (gouvernementales ONG), accuse l'État français d'inaction climatique et menace de le poursuivre en justice. Que pèse face à la perspective de la fin du monde le refus de gilets jaunes de changer leur voiture, leur chaudière et leur mode de vie ? Il faut sévir. Le peuple n'a pas conscience de l'urgence. C'est pour son bien qu'il faut lui imposer de rentrer dans le droit chemin.

Jamais la fracture entre les élites et le reste de la société, entre le centre des grandes villes et la périphérie, les banlieues et la « région », entre les nantis et les classes populaires n'a été aussi marquée. Sur fond de fin du monde annoncée.

La vraie question est de savoir qui au fond croit vraiment, sincèrement, à une telle baliverne. La fin du monde, vraiment ? Comment peut-on nous faire le coup à intervalles aussi réguliers, depuis que l'humanité existe ? À l'ère de la conquête de l'espace, de l'intelligence artificielle et du transhumanisme, comment les vieilles ficelles peuvent-elles encore faire recette ?

Ou peut-être est-ce justement parce que l'énergie nucléaire, la formidable progression de l'électronique et les perspectives ouvertes par le décryptage du génome inquiètent que de nouveaux millénarismes apparaissent, remplaçant la menace du Jugement dernier par un paganisme écologique qui ne cède rien aux grandes peurs religieuses d'antan. Hier des prophètes qui ne se refusaient rien pour eux-mêmes prêchaient la pauvreté évangélique aux masses miséreuses. Aujourd'hui de nouveaux prophètes parcourent le monde pour prôner la sobriété et la repentance écologiques, en s'autorisant les moyens qu'ils considèrent comme les plus inacceptables quand d'autres en font usage : avions, hélicoptères, croisières éclairs en Polynésie et dans les Pôles, tout est bon pour dénoncer l'état désastreux de la planète et la prétendue impéritie d'une humanité qui aspire juste à vivre mieux.

Rien n'est neuf sous le soleil. Dans son livre *Apocalypses et Millénarismes* paru en 1999, Eugen Weber, le spécialiste américain de l'histoire des mentalités, recense les innombrables moments dans l'histoire de l'humanité où la fin du monde nous a été prédite avec les accents les plus convaincants, où une inquisition féroce s'est mise en place pour éliminer les incroyants. Tout comme aujourd'hui les réseaux sociaux crucifient les hérétiques. Grandes peurs de l'An mil, flagellants du XIVe et du XVe siècle, « arches du repentir » que le dominicain de Florence Savonarole appelait en 1480 à construire pour le déluge à venir, fin du monde annoncée pour 1734 par le cardinal Nicolas de Cues, obsession du XVIe siècle pour la fin des temps…

Éruptions volcaniques, comètes, séismes, éclipses de Soleil, tout était prétexte aux grandes paniques eschatologiques. Et paradoxalement, autant les périodes noires, celles du malheur des temps, celles où la guerre, le froid, la peste, la famine recouvraient l'Europe d'un noir manteau de désespérance, que celles des grandes avancées scientifiques, comme les Lumières ou le

XIXe siècle, dernier du millénaire qui plus est, suscitaient en retour les prédictions les plus terribles.

Ce qui s'appelle aujourd'hui la collapsologie se nommait hier « désastrologie », la science du désastre. L'interprétation du ciel, des étoiles, bref des astres, donnait lieu aux annonces les plus effrayantes. Rabelais raillait déjà les astrologues, qu'il qualifiait de désastrologues. Chaque passage de la comète de Haley fut précédé de peurs collectives immenses. La fin du monde était forcément imminente.

Des générations entières se sont repues de chimères effrayantes, tremblant dans l'attente de calamités qui ne se produisaient jamais. Et pourtant, les pires prédictions continuaient de s'abattre sur la tête des mécréants, appelés au repentir et à l'expiation. « Les faits ne pénètrent pas dans le monde où vivent nos croyances », écrit Proust dans *Du côté de chez Swann*, « ils n'ont pas fait naître celles-ci, ils ne les détruisent pas ; ils peuvent leur infliger les plus constants démentis sans les affaiblir… »

L'écologie d'aujourd'hui applique exactement les mêmes recettes que les grands prédicateurs d'hier. Dès les années soixante-dix, celles où les Prix Nobel du Club de Rome n'hésitaient pas à prédire la fin du gaz et du pétrole pour le début des années quatre-vingt-dix, où le renommé économiste américain Lester Brown annonçait la famine généralisée en Asie sans avoir vu venir les révolutions vertes, où Paul Ehrlich écrivait la Bombe P, P pour population, en nous annonçant que Calcutta compterait 66 millions d'habitants en l'an 2000 – en réalité, trois fois moins aujourd'hui – sans avoir anticipé le phénomène de la transition démographique (plus de la moitié des pays du monde n'assurent même pas le renouvellement des générations !), des prophètes du désastre ont prédit le pire. Comme les grands prédicateurs de l'an mil, ils avaient l'an deux mille en ligne de mire.

Souvenez-vous : juste avant l'an deux mille, c'était l'effondrement informatique de l'humanité qui allait se produire, les avions tomber du ciel en plein vol, le monde s'arrêter de fonctionner. Les informaticiens, ces ballots, n'avaient pas prévu le changement de millénaire.

Strictement rien ne s'est passé. Aucune des catastrophes annoncées ne s'est produite.

Qu'à cela ne tienne : l'échéance a juste reculé de quelques dizaines d'années. Et le grand Dieu vengeur qui a toujours permis de soumettre les hommes a pris cette fois le visage de la Terre mère, la fameuse « Pachamama » – car en la matière les peuples autochtones font toujours figure de grands sages, quand bien même la plupart d'entre eux n'aspirent qu'à sortir de leur pauvreté pour embrasser le grand Dieu de la modernité. La terre-mère bienveillante, que l'homme saccagerait aujourd'hui sans souci du lendemain, allait bientôt prendre sa revanche et punir l'humanité.

« Pour entraîner les masses à la croisade, il faut les terrifier », oui Pierre George avait vu juste. Pour obliger les peuples à se soumettre à ce que leurs gouvernements ont concocté pour eux, une ère de surveillance et d'asservissement généralisé au nom de la sécurité collective, il faut leur dire que leurs modes de vie menacent la survie même de leur monde, que tout inéluctablement s'abîme et se détériore, que le futur sera apocalyptique si nous ne nous conformons pas aux nouveaux mots d'ordre, frappés du sceau de la prétendue science.

Mais les prédictions dramatiques ne prennent jamais en compte les ruptures technologiques, justement parce que personne n'est devin et qu'elles ne sont jamais prédictibles. Les prophètes ne cessent d'inventer de nouveaux dangers, forcément majeurs, alors que le propre de l'humanité a toujours été de faire face au risque et de trouver des réponses. Face aux sécheresses, l'irrigation. Face à la pollution, la dépollution. Face à la menace de la submersion, les digues et la protection des rivages. Face à la demande énergétique, des sources d'énergie sans cesse renouvelées. Face à la disparition de certaines espèces, des mesures de protection et de sauvegarde. Rien n'y fait : il nous faut sans cesse croire au pire.

« Nous sommes deux minutes avant minuit. » L'horloge de l'Apocalypse (on rêve !) a été inventée en 1947 par des spécialistes du nucléaire. Quoi de moins surprenant que, juste après l'horreur de Hiroshima et de Nagasaki, des scientifiques s'alarment de l'usage de la bombe atomique par des gouvernements sans scrupule, qui n'ont pas hésité à foudroyer des milliers d'innocents alors même que le Japon s'apprêtait à capituler ? Que depuis cette date, le monde ait tout mis en œuvre pour contrôler le feu nucléaire, que l'utilisation de l'atome soit devenue familière, que même les pires dictateurs se refusent à l'employer – suivez mon regard en Corée du Nord – peu importe : les scientifiques de Chicago tirent la sonnette d'alarme à intervalles réguliers. Qu'ils comportent en leur sein une quinzaine de Prix Nobel semble plaider en faveur de leur crédibilité, alors que toute l'histoire de cette institution, ses choix souvent malheureux et même son fonctionnement démontrent le contraire. Ainsi Laurent Alexandre rappelle dans *L'Express* du 30 janvier 2019 que le Prix Nobel de médecine Jacques Monod écrivait en 1970 que l'échelle microscopique du génome interdisait « sans doute à tout jamais de le manipuler ». Cinq ans plus tard, les premières manipulations génétiques commençaient. Nos scientifiques de Chicago sont de la même eau et voilà qu'on répercute massivement leurs cris d'alarme, alors même que l'appel du « Club de Rome » en 1972, un cénacle de respectueux Nobel, sur les prétendus risques vers lesquels fonçait l'humanité, alors en pleines trente glorieuses, a été depuis largement démenti par les faits[1]. À l'image du Nobel de la Paix décerné en 2007 à Al Gore pour son film *Une vérité qui dérange* (*An unconvenient truth*), aussi catastrophiste que catastrophique sur le changement climatique, nous prédisant la disparition imminente des glaces de l'Arctique, les Prix Nobel n'ont pas cessé de se croire autorisés à intervenir en dehors de leur domaine de compétence, pour des causes qui se sont généralement révélées foireuses.

---

1. Rien de ce que prévoyait « *The limits to Growth* », traduit abusivement en français *Halte à la croissance*, le célèbre rapport du MIT, dirigé par Dennis Meadows, publié en 1972, ne s'est produit. À commencer par l'épuisement des réserves de gaz et de pétrole annoncé pour le début des années quatre-vingt-dix. Au contraire, l'humanité n'a jamais eu autant d'hydrocarbures !

Nous serions donc aujourd'hui, selon le propos de ces grands scientifiques, au bord extrême du gouffre : « on joue à la roulette russe avec l'humanité, on est à bord du *Titanic* », proclame en janvier 2019 un certain Jerry Brown, ancien gouverneur de Californie. Avec la dénucléarisation difficile de la Corée du Nord (dont la négociation, pilotée en sous-main par la Chine, vise uniquement en réalité à obtenir le départ des troupes américaines de Corée du Sud pour laisser le champ libre à la Chine dans ce qu'elle considère comme à terme sa zone d'influence exclusive), l'annonce des États-Unis, aussitôt suivis de la Russie, qu'ils sortent du traité de 1987 prohibant les armes nucléaires intermédiaires, la menace nucléaire s'ajoute à la menace écologique. Avec, dans le rôle du grand Satan en chef, le terrible Donald Trump : non content de détricoter la gouvernance internationale de la lutte contre le changement climatique, voilà que le président américain ose maintenant affronter deux dictateurs, Xi Jinping et Poutine, en refusant de continuer à cautionner leurs mensonges et leurs dérives. Que Xi Jinping ait massivement bafoué les règles du commerce international au seul profit de son pays, qu'il ait pratiqué l'espionnage massif et la contrefaçon la plus désinhibée, annihilé toute contestation dans son pays, que Poutine ait choisi d'ignorer les accords de limitation des armements pour reconstituer la puissance russe, ne pèsent rien aux yeux des censeurs. Les dictatures peuvent s'arroger tous les droits, les démocraties, elles, doivent rendre des comptes à une population d'autant plus encline à clouer ses dirigeants au pilori qu'elle vit dans la plus parfaite liberté d'expression. Cherchez l'erreur.

L'horloge atomique de 2019 rappelle la grande peur suscitée par le passage de la comète de Halley en 1910. À Chicago déjà, la population refuse de sortir des maisons, dont les portes et les fenêtres ont été obturées pour empêcher le gaz mortel véhiculé par la comète de pénétrer. Comme à la fin du XIXe, autre période troublée, les apparitions de la Vierge se multiplient. Après Lourdes, Fatima, au Portugal, alors en pleine épidémie de grippe espagnole. Dans les années trente, tandis que la crise économique s'abat sur le monde, de nouvelles apparitions. L'Espagne, la Belgique, la Bretagne, les Pays-Bas… La Dame appelle au repentir pour éviter la fin du monde. Elle se manifeste de l'autre côté du rideau de fer après la Seconde Guerre mondiale…

Aujourd'hui le *Bulletin of Atomic scientists* de Chicago reflète une nouvelle fois les tensions internationales, la peur du lendemain, ce que l'on vit comme le nouveau « malheur des temps », selon la formule de l'historien Jean Delumeau. Mais ces prétendus scientifiques avancent ou reculent leur sacrée horloge au gré de ce qu'ils perçoivent des menaces, nucléaires et écologiques ! Minuit moins 9 après l'explosion de Three Mile Island en 1979 aux États-Unis (aucun mort). Qu'un accord ancien entre les États-Unis et la Russie vole en éclats et voilà les petits malins de Chicago qui poussent aussitôt la trotteuse de leur sacrée horloge !

Apocalypse, Armageddon, fin du monde… Il suffit qu'un séisme, une éruption volcanique ou un tsunami meurtriers se produisent à n'importe quel endroit de la terre peuplée (les autres, même massifs, n'intéressent personne) pour apporter la preuve « irréfutable » que leurs prédictions les plus alarmistes sont fondées. Et ce qui est curieux, c'est que ça fonctionne de la même façon depuis des siècles.

Oui la planète est vivante, oui le Soleil mourra dans quelques milliers d'années, oui une éruption volcanique peut provoquer un hiver qui assombrira et refroidira la terre pendant plusieurs années, comme après l'explosion du Tambora en 1815. Et alors ? Nous vivons depuis toujours sur un gigantesque volcan. Devons-nous cesser immédiatement toutes nos activités et nous agenouiller pour prier ? Ou bien devons-nous mettre en place les systèmes les plus avancés de prévision et de prévention pour continuer malgré tout d'avancer ?

La Guerre des mondes, *Mars Attack*, *Le Jour d'après*, *Le Pic de Dante*... Hollywood a toujours adoré les films catastrophes. Dans les années soixante, c'était la grande peur de l'extension du communisme qui faisait éclore *L'Invasion des profanateurs de sépultures*, où une entité végétale colonise la terre et transforme les êtres humains en légumes vivants – pas sûr, d'ailleurs, qu'un tel film serait aujourd'hui perçu comme un film d'horreur, certains y verraient sans doute une bénédiction, puisque nous sublimons de plus en plus le végétal, au point d'être prêts à manger n'importe quoi au nom du bannissement dangereux de l'animal... Aujourd'hui, Hollywood, où la Chine investit désormais pour que le personnage chinois devienne dans les nouveaux films celui qui aide à sauver le monde, surfe avec délice et grande rentabilité sur la peur écologique. D'un côté les gentils sauvages, bienveillants, raisonnables, qui ont noué avec la Nature une relation symbiotique et harmonieuse – archétype : *Avatar* ou *Abyss*, ces sommets de crétinerie touchante. De l'autre les hommes modernes, forcément méchants, cupides, destructeurs. Et qui méritent d'être punis s'ils ne s'amendent pas. Et comme ils ne le font pas, survient toute la cohorte des films post-apocalypse : *La Route*, *Le Survivant*, *Waterworld*, *Je suis une légende*, *Wall-E*...

Hollywood a bien raison : exactement comme il adore monter dans le train fantôme ou le grand huit, l'homme adore jouer à se faire peur. Les histoires de loups, de sorcières, de fantômes, les dystopies les plus effrayantes ont toujours fait recette.

Mais de là à gâcher la vie de millions d'individus au nom d'une menace d'autant plus frappante qu'elle est désormais relayée par des milliers de sites, de blogs, de publications catastrophistes ! De là à accepter qu'au XXIe siècle, alors qu'on croyait que la démocratie allait devenir planétaire, des êtres humains arrivent à en tuer d'autres au nom de l'intérêt supposé de la nature, de la Planète ! Les écoguerriers sont d'autant plus redoutables qu'ils sont persuadés de détenir la vérité et d'agir au nom du Bien commun. Alors que, derrière toutes ces grandes émotions, le capitalisme vert le plus cynique surfe sur nos peurs pour continuer à faire des affaires.

Remettons un peu de sérénité et de science dans tout ce grand fatras.

EMPREINTE ÉCOLOGIQUE : MALTHUS, SORS DE CE CORPS !

Ne me dites pas que vous n'avez jamais entendu ça : *Le 1er août, l'humanité a dépensé l'ensemble des ressources que la Terre peut régénérer en une année. Chaque année, ce jour intervient de plus en plus tôt. La capacité de charge de la planète est dépassée. Depuis 1987, nous vivons à crédit sur la terre. C'est dramatique car nous n'avons pas de planète de rechange.*

Tous les étés, alors que nous sommes, pour beaucoup d'entre nous, en train de savourer un repos bien mérité, on vient nous gâcher nos vacances avec ce sinistre avertissement. Nous vivons au-dessus de nos moyens et nous allons bientôt en payer le terrible prix.

Ce fameux jour du dépassement nous renvoie à la notion d'empreinte écologique, un indicateur élaboré au début des années quatre-vingt-dix par deux chercheurs en planification urbaine de Colombie-Britannique, William Rees, né en 1943, et son disciple, Mathis Wackernagel, né en 1962. Le second larron préside toujours le « Global Footprint Network », l'institution qui exploite à fond leur vieille trouvaille et continue à faire recette, comme Lester Brown, Paul Ehrlich, et tous ces vieux barbons qui, non contents d'avoir raconté les pires conneries il y a près d'un demi-siècle, en ont fait un fonds de commerce et restent les inamovibles présidents d'institutions abondamment financées, guettant chaque catastrophe pour nous asséner que c'est bien la preuve qu'ils ont raison. Incroyable le nombre de prétendus sages cramponnés à leurs hochets ! Certains donnent même des leçons de démocratie alors qu'ils ne céderaient pour rien au monde leur siège doré.

En réalité, l'empreinte écologique est complètement bidon. Le jour du dépassement ne veut rien dire. Mais personne ne se demande plus comment est calculé cet indicateur. Il s'agit d'un système comptable postulant que la quantité de ressources biologiques utilisée pour assouvir les besoins de l'humanité est directement liée à la quantité de surfaces bioproductives nécessaires pour régénérer les ressources et assimiler les déchets. Chaque territoire est ainsi affecté d'un coefficient de « biocapacité », calculé en hectare global par hectare, qui consiste à multiplier les surfaces disponibles, mesurées en hectares, par un facteur d'équivalence évalué en hectare global par hectare.

Vous n'y comprenez rien ? C'est le principe même de l'empreinte écologique ! Traduisons le fumeux concept. La biosphère est vue comme une sorte de gâteau que les hommes doivent se partager. Dès que leur nombre augmente, que leur niveau de vie s'élève, donc qu'ils consomment plus, se déplacent plus, se chauffent ou – horreur – climatisent[1], le gâteau disponible se réduit mécaniquement : la demande de l'humanité ne peut que dépasser les capacités régénératives naturelles de la planète. Si on compte sur la capacité d'absorption de carbone d'une forêt pour compenser les émissions des automobiles, combien d'hectares de forêts faudra-t-il, à partir du moment où l'automobile n'est plus réservée qu'aux classes supérieures du monde ? C'est comme ça qu'on nous assène que si tout le monde vivait comme le Luxembourgeois, le Qatari ou l'Américain – ces salauds (le salaud étant, c'est bien connu, toujours l'autre, comme le surnuméraire) – plusieurs planètes n'y suffiraient pas. Que si chaque Chinois possédait une voiture, la terre suffoquerait.

Sauf que, d'une part, les Chinois ont bien le droit eux aussi à la mobilité, d'autre part que les mobilités de demain n'auront rien à voir avec celles d'aujourd'hui. Exactement comme nous ne nous déplaçons plus à cheval, nous avons beaucoup de mal à nous représenter ce que seront les véhicules du futur. Et dès aujourd'hui, selon le carburant utilisé, la façon de conduire, le poids de la voiture et sa consommation,

1. Généralement, les riches trouvent normal de se chauffer l'hiver, mais ne supportent pas que les pauvres, qui vivent souvent dans des pays très chauds, puissent vouloir climatiser leurs lieux de vie… Certes la climatisation a un gros impact écologique, mais de nombreux travaux sont menés pour la rendre plus durable, découpler l'utilisation d'énergie fossile et la sensation de fraîcheur ressentie.

les avancées technologiques, rouler en voiture peut être plus ou moins énergétivore et polluant.

Telle que l'empreinte écologique est calculée, seuls ceux qui vivent chichement à la campagne de ce que la terre veut bien leur donner, sans se déplacer, sans se chauffer, et bien sûr sans faire de gosses, peuvent entrer dans le moule : aucun pays ne satisfait aux critères de l'empreinte écologique, sauf les plus pauvres. Si vous habitez dans une masure en terre, sans électricité, que vous ne possédez pas de voiture et ne mangez jamais de viande, vous voilà un habitant respectueux de la terre. Sinon, amendez-vous. Ou bien faites un don au « Global Footprint Network » ou à son clone français, le WWF, qui accepteront peut-être de vous absoudre. Mais attention : le ticket d'entrée dans la pureté écologique est élevé.

En réalité, l'empreinte écologique, qui renvoie à la notion de capacité de charge, reprend les mêmes erreurs méthodologiques que celles du pasteur Malthus, quand il écrivait dans son *Essai sur le principe de population* de 1798 que les ressources alimentaires allaient manquer face au croît démographique : « au banquet de la terre, les pauvres ne peuvent avoir leur place ». L'humanité comptait alors 1 milliard d'hommes et crevait massivement de faim… Aujourd'hui nous sommes 7,5 milliards et pourtant les disponibilités alimentaires mondiales permettraient aisément de nourrir chaque être humain (sous réserve hélas qu'il dispose du pouvoir d'achat requis, car la production alimentaire s'adapte à la demande solvable), parce que les progrès agricoles sont passés par là. Un hectare de maïs ou de manioc donne près de quinze tonnes de nourriture quand il est bien géré, sans abîmer la planète, épuiser les sols et nuire à la biodiversité. Au contraire, produire plus à l'hectare limite la déforestation et augmente le captage du carbone. Les sous-nutris restent les pauvres, qui ne peuvent acheter de la nourriture et n'en produisent pas assez, enfermés dans des systèmes où la pénibilité, la grande vulnérabilité aux aléas climatiques et le manque de moyens techniques les piègent dans la pauvreté. Mais la nourriture ne manque pas. Au contraire, elle est très largement gaspillée. Ce qui ne veut pas dire que réduire le gaspillage dans les pays riches résoudrait le problème de la faim : la nourriture ne fonctionne pas selon le principe des vases communicants et on ne peut pas acheminer ce qui est perdu au Nord dans les pays pauvres, où les attaques des ravageurs et des procédés de conservation inadéquats gaspillent plus du tiers des récoltes. Il faut partout une agriculture compétitive, propre et rémunératrice, pour lutter contre la pauvreté et la dégradation des milieux.

La question clé de l'empreinte écologique, qui conditionne donc la « capacité de charge » de la planète, est de savoir si les services issus de la biosphère (la terre) sont suffisants pour assurer le fonctionnement de ce qu'on appelle *l'éconosphère* (l'ensemble des activités humaines). Pour le dire autrement, l'empreinte écologique représente la « quantité de capacité régénérative de l'écosystème qui doit être mobilisée pour fournir à l'éconosphère les ressources dont elle a besoin et assimiler les déchets qu'elle produit ». Eh oui, c'est du jargon, mais c'est le principe des indicateurs, surtout les plus alarmistes. Ils sont conçus pour vous en mettre plein la vue, se donner une caution scientifique en assénant à peu près n'importe quoi.

Pour agréger les données disparates de toutes les activités modernes, circulation automobile et aérienne, chauffage, climatisation, production agricole et industrielle, etc., les concepteurs de l'empreinte écologique ont dû inventer un système comptable avec un instrument de mesure, les surfaces bioproductives mesurées en hectares globaux. Si vous êtes peu nombreux et vivez de chasse ou de cueillette, la superficie de votre territoire est équivalente à celle qui est calculée en hectares globaux. C'est la nature « brute », « naturelle », qui pourvoit à vos besoins. Mais si vous souhaitez, par exemple, vous déplacer autrement qu'avec vos pieds, vous allez utiliser une source d'énergie qui va émettre de l'oxyde de carbone, et la question se pose du temps qu'il faudra à la terre pour l'absorber. Elle subit alors une double pression : d'une part, vous en extrayez une ressource (le pétrole par exemple) pour vous déplacer, d'autre part vous rejetez dans l'atmosphère des gaz à effet de serre que les prairies, les forêts, les océans doivent pouvoir absorber.

Les concepteurs de l'empreinte écologique additionnent ainsi les différentes surfaces de la terre en leur affectant à chacune, de façon plutôt arbitraire, un coefficient de biocapacité. Et ils regardent comment les activités humaines peuvent être absorbées par les 11,2 milliards d'hectares ainsi obtenus. Au-delà des erreurs de calcul et de méthodologie, l'application du facteur d'équivalence pose question. Un exemple : la capacité d'absorption en carbone d'un champ de maïs est le double, voire le triple de celle d'un champ de blé. Donc l'agriculteur qui remplace le blé par le maïs double la biocapacité de son champ. De même une forêt jeune et en croissance va piéger beaucoup de gaz à effet de serre, une forêt vieillissante et pourrissante en relâcher beaucoup dans l'atmosphère… Mais ceux qui calculent chaque année l'empreinte écologique ne tiennent pas compte de ces caractéristiques : un champ est affecté d'un facteur d'équivalence donné, une forêt d'un autre, point final. Ils ne vont pas chercher ce qui se fait à un instant T sur la terre, et se contentent de constater que de plus en plus de gens roulent en voiture, se chauffent et se déplacent. Ça s'appelle le développement, un processus de croissance de la richesse et de diversification des activités économiques qui permet l'élévation du niveau du plus grand nombre, à condition toutefois que le gouvernement mène des politiques redistributives et que la coopération internationale puisse soutenir la dynamique par des capitaux et des technologies. Même si certains auteurs adorent détester le développement en le présentant comme une croyance occidentale, il est non seulement une aspiration, mais aussi une réalité mondiale. En 1960, nous étions 3 milliards sur la terre dont un tiers souffrait de la faim et nous vivions en moyenne 45 ans. Un demi-siècle plus tard, nous sommes plus du double, 7,7 milliards, et pourtant la faim ne touche plus qu'une personne sur 12 (ce qui est encore trop). Et nous vivons en moyenne 72 ans. 142 pays sur 230 sont au-dessus de cette moyenne, avec, dans 40 d'entre eux, une espérance de vie record : plus de 80 ans. Presque tous les pays de l'Union européenne en font partie. Des pays où, précisément, on fait très attention à la nature.

Pourtant, pour l'empreinte écologique, le développement, c'est Satan.

Tout comme le bon pasteur Malthus n'avait pas pris en compte le progrès agronomique, qui permet de produire aujourd'hui 7 tonnes de blé à l'hectare et 10 tonnes de maïs dans les pays riches sans nécessiter de détruire les forêts et sans abîmer les sols (car dans la troisième révolution agricole, la nouvelle agriculture s'interroge en permanence sur son impact écologique), et nous prédisait l'imminence inéluctable de la famine en se basant sur des rendements de moins de 2 tonnes de céréales à l'hectare, ce qui était la norme à son époque, l'empreinte écologique, reproduisant l'erreur de Malthus, présente le grand défaut de s'évaluer à niveau technique constant. Elle ne tient pas compte de l'amélioration de l'intensité énergétique et de la notion de découplage, qui permettent d'accroître la production de bien-être et de richesses en diminuant la pression sur les ressources.

Améliorer l'intensité énergétique signifie découpler le rapport entre consommation de matières premières et production de richesses, donc élévation du niveau de vie. Au fur et à mesure qu'elle se développe, la Chine ne cesse d'améliorer son intensité énergétique.

Tout comme l'agriculture de précision, qu'elle soit biologique ou conventionnelle, produit plus avec moins (moins d'intrants, d'eau, de produits de traitement, d'engrais…) et l'économie circulaire appliquée à l'élevage permet de recycler les effluents, lisiers, fumiers, pour produire de l'énergie sans polluer. L'écologie industrielle, c'est l'application des principes de la réutilisation et du recyclage à toutes les activités productives modernes. La boucle est fermée, et la ville peut produire de l'énergie au lieu d'en consommer, les usines travailler en symbiose pour valoriser chacune les sous-produits de l'autre, sans peser ni sur les ressources ni sur l'environnement.

Un territoire géré à l'ancienne, où les hommes se contentent de prélever la ressource, comme les chasseurs-cueilleurs d'autrefois, ne supporte qu'une population très faible. Il faut d'immenses superficies de terres pour se contenter de vivre de la prétendue prodigalité de la nature, toujours très variable et très aléatoire. Une rizière au contraire nourrit des milliers d'hommes sans épuiser les terres. Un champ de maïs peut supporter la monoculture pendant des dizaines et des dizaines d'années malgré ses plus de 10 tonnes à l'hectare : le maïs n'épuise pas les sols. Et comme c'est une plante dite en C4, il capte de très importantes quantités de CO2. La FAO explique ainsi qu'en augmentant de quatre pour mille seulement (0,04 %) par an le stock de carbone organique des sols de la planète, il serait possible de stopper l'augmentation de la concentration de gaz à effet de serre dans l'atmosphère, permettant ainsi d'atteindre les objectifs de la COP 21 (limiter la quantité de CO2 à 450 ppm). Cultivons du maïs au lieu de l'accabler de nos préjugés ! Nous sommes tous de nouveaux Mayas. Et les agriculteurs se sont transformés en de véritables manageurs de la photosynthèse, qui savent que la conduite intelligente de leurs exploitations peut impacter directement non seulement le climat, mais aussi la biodiversité. Une biodiversité d'autant plus intéressante qu'elle est nourricière. Les jeunes que l'on incite à marcher pour le climat devraient en réalité marcher pour l'agriculture, exiger qu'on reconnaisse la contribution des paysans à la lutte contre le changement climatique, qu'on les respecte et qu'on les rémunère mieux. Et aller à l'école, sauf si on leur raconte, comme on commence à le lire çà et là, qu'au paléolithique, c'était mieux, que les hommes vivaient libres et heureux (les femmes et les enfants, c'est moins sûr). Apprendre, se former, comprendre, c'est se préparer au monde de demain. La culture scientifique souffre aujourd'hui d'une méfiance et d'une desaffection qui nous préparent au règne de l'obscurantisme et des préjugés.

La notion de capacité de charge ne veut donc rien dire. Faites du riz en zone très humide, du maïs en zone moyennement arrosée, du sorgho ou du blé ailleurs, selon le climat, en gérant intelligemment l'eau (la stocker quand elle abonde pour la restituer quand il fait sec, c'est le principe de base de l'irrigation, sans laquelle les civilisations ne durent pas), préservez l'élevage pour conserver des prairies, le top en matière de biodiversité, et vous agissez sur le réchauffement climatique

– puisque le GIEC affirme qu'il est directement lié à la concentration de CO2 dans l'atmosphère. La terre peut être surpeuplée avec un milliard d'hommes s'ils vivent avec de pauvres techniques, mais elle peut aisément en porter dix fois plus si nous agissons intelligemment, en gérant au mieux notre capital naturel. La totalité des terres cultivées de la planète n'excède pas aujourd'hui 3 % de sa superficie. C'est dire les réserves de production dont nous disposons, d'autant que le changement climatique libère de nouvelles terres cultivables aux hautes latitudes – Canadiens, Russes, Lapons, Inuits et autres peuples nordiques se frottent les mains ! En plus, quand une terre glacée se réchauffe, non seulement la végétation qui y pousse nourrit les hommes, mais elle diminue l'albédo – la réverbération solaire – et capte du CO2. Comment oser présenter cette évolution, même rapide, comme un malheur pour l'humanité ? Vous avez envie, vous, de vivre dans un monde saisi par la glace ? *Winter is coming*, les marcheurs blancs, le froid et la mort qui vous saisissent, ça vous tente ?

Le pire n'est jamais certain, sauf dans la bouche des tenants de l'empreinte écologique, ces néomalthusiens qui vous affirment sans ciller que la population idéale de la terre serait de… 500 millions d'êtres humains. Alors que nous sommes 7,5 milliards ! Cousteau lui-même tenait de tels propos. Né en 1932, Paul Ehrlich, l'inventeur de la Bombe P, P pour population, est un biologiste de la conservation qui participe à des mouvements préconisant la stérilisation forcée des femmes trop prolifiques. « L'idée qu'une femme puisse avoir autant d'enfants qu'elle le veut est pour moi la même chose que dire que tout le monde est autorisé à jeter autant d'ordures qu'il le souhaite dans le jardin du voisin », déclare-t-il en 2015.

Quant à William Rees, le grand inventeur de l'empreinte écologique, il ne s'est pas contenté d'imaginer cet indicateur tordu : l'immigration aux États-Unis lui pose problème. En oubliant que ce pays n'est qu'un immense melting-pot, que sa propre famille a probablement des racines étrangères (sauf s'il est d'origine indienne, mais ça se saurait). Et que dès qu'on permet aux femmes d'avoir accès à l'éducation, elles se marient plus tard et font moins d'enfants. Ça s'appelle la transition démographique et elle est aujourd'hui en train de nous pousser vers une « empty planet », titre d'un livre récent publié par deux démographes canadiens.

Et si on disait à tous ces vieux barbons, Lester Brown, Paul Ehrlich, William Rees, et tous ces vénérables vieillards, si prompts à dénoncer la prétendue surpopulation, que si nous sommes trop nombreux, ce sont eux (et pas les jeunes) qui sont en trop, eux qui prétendent priver les autres des progrès en matière d'allongement d'espérance de vie dont ils ont eux-mêmes bénéficié, ce qui leur permet de continuer à pousser leurs cris d'orfraie, d'une bouche qui aurait été édentée par les années sans le miracle de la dentisterie gériatrique ? Ils seraient scandalisés, eux qui s'accrochent à leurs fauteuils de prophètes et de présidents. Les surnuméraires, ce sont toujours les autres. Surtout s'ils ont le malheur d'être pauvres et colorés.

Au nom d'indicateurs biaisés et mensongers, calculés n'importe comment, l'empreinte écologique culpabilise chaque année les mères de famille nombreuses, les automobilistes, les voyageurs internationaux, ceux qui climatisent ou chauffent leurs habitations, ceux qui mangent de la viande, ceux qui sortent de la pauvreté... En réalité, elle déteste la « moyennisation » du monde, cette montée des classes moyennes, pourtant de plus en plus soucieuses de leur environnement.

Et sans craindre les contradictions. Un exemple supplémentaire pour montrer les limites de l'empreinte écologique : un hectare de blé cultivé en France selon des méthodes modernes donne 70 quintaux à l'hectare ; en agriculture biologique, le rendement tombe à 35 quintaux. Pour nourrir le même nombre de personnes, il faut donc deux fois plus d'hectares. Or les céréales occupent 1,5 milliard d'hectares dans le monde. Si elle était généralisée, l'agriculture biologique, qui nous est sans cesse vantée comme meilleure pour la planète par les promoteurs de l'empreinte écologique, supposerait, pour nourrir le même nombre de personnes, des superficies de cultures deux fois plus importantes, donc le défrichage massif des forêts. Déforestation qui est jugée dramatique car elle rejette dans l'atmosphère du carbone et détruit des milieux de grande biodiversité. Alors ? Il vaut mieux une agriculture moderne, pensée pour optimiser l'usage des sols et gérer au mieux son impact environnemental qu'une agriculture biologique qui demande beaucoup d'énergie et de surface pour nourrir la même quantité de personnes. Où il faut enlever les mauvaises herbes et les parasites à la main, ou bien avec des machines grandes consommatrices de carburant et grandes émettrices de CO2, parce qu'on ne veut pas utiliser de produits de traitement des plantes de synthèse… Ce qui n'empêche nullement d'appliquer généreusement des pesticides dits « naturels », non seulement plus toxiques encore – comme le cuivre, qui s'accumule dans les sols, ou le pyrèthre, qui est un poison violent et non sélectif – et, qui plus est, en multipliant les passages car ils sont très rapidement lessivés. La France est tombée de 100 000 tonnes de pesticides en 1990 à 66 000 tonnes en 2013, une belle performance qui la place au neuvième rang par hectare cultivé en Europe, alors même qu'elle produit le cinquième de la production européenne et que ses façades méditerranéenne et océanique subissent l'influence du changement climatique, qui accroît la pression parasitaire. Hélas, les chiffres remontent. Parce que les agriculteurs français seraient « accros » aux pesticides, comme on l'entend trop souvent ? Non, parce qu'ils se convertissent de plus en plus au bio pour faire plaisir aux citadins ! Et qu'ils doivent traiter plus.

Face à ces écueils, dont on préfère penser qu'ils les ignorent, plutôt qu'ils les dissimulent car ils vont à l'encontre de leurs grands discours, certains tenants de l'empreinte écologique sont prêts à préconiser le retour aux bonnes vieilles méthodes du défrichement manuel : si l'énergie est humaine, ce n'est pas grave pour la planète. Le temps et la souffrance des pauvres ne comptent pas. Mais personne dans les campagnes ne veut revenir à la pénibilité de l'agriculture, aux dos cassés par l'effort qui vieillissent prématurément les paysans du monde ! Beaucoup préconisent aussi la généralisation de l'agroécologie, comme si elle seule permettrait d'apporter la réponse à ce type de problèmes… Sauf que personne n'arrive à comprendre comment l'agroécologie, toujours présentée comme un système idéal dans des exploitations vitrines, de petite taille et gérée par une armada de spécialistes, pourrait être généralisée à l'échelle de pays entiers, où la population vit de plus en plus en ville. Certains croient même que le petit paysan africain nous montre la voie, qu'il a tout compris, qu'il est un écologiste avant l'heure. Le problème, c'est qu'il crève de faim, qu'il est perclus de parasites et qu'il fuit en masse vers les villes ou vers les pays riches dès qu'il en a la possibilité. Hélas, ses souffrances n'indisposent pas les tenants de l'empreinte écologique, qui clament de toute façon que nous sommes trop nombreux sur la terre. Et dans ces conditions, que certains s'épuisent à gratter leurs champs avec de pauvres outils, houes et autres dabas, pour tout juste parvenir à se nourrir, et qu'ils en meurent souvent, n'est pas considéré comme choquant.

L'empreinte écologique repose donc sur de grands mensonges, ce qui n'empêche pas que nous ayons droit chaque été au marronnier du jour du dépassement. De plus en plus tôt d'ailleurs, puisque le nombre de personnes qui sortent de la pauvreté s'accroît. « À partir d'aujourd'hui, l'humanité vit à crédit. » OK. Admettons.

Mais alors, il faut se retrousser les manches pour mettre en œuvre une économie plus avancée encore dans sa gestion des ressources. Ressources qui peuvent être infiniment renouvelables quand elles sont solaires, issues de la biomasse, du vent, des volcans, de la géothermie, ou de l'hydraulique. *Ressources are not, they become*, disent les géographes. Tant que tu ne disposes pas de la technologie qui permet de la valoriser, la ressource est toujours virtuelle. Les déchets deviennent une ressource quand on peut les transformer en énergie au point que les systèmes de valorisation très performants mis au point en Suède conduisent ce pays à importer des ordures pour rentabiliser sa filière ! Il va falloir d'ailleurs que les riches s'y mettent aussi, maintenant que la Chine et d'autres pays émergents refusent de continuer à être l'immense dépotoir du monde. Recycler nos immenses déchetteries électroniques, une tâche compliquée en raison des alliages dont sont composés les ordinateurs, téléphones et leurs micro-processeurs, c'est une mine d'or potentielle, tant ils recèlent de minerais rares et précieux. Mais il faut pour cela un véritable savoir-faire, pas les expédier à l'autre bout du monde en s'en lavant les mains. Le développement durable, c'est le progrès et l'ingéniosité mis au service de tous pour vivre mieux sur une planète plus propre. Pas l'empreinte écologique, qui d'ailleurs exclut l'énergie nucléaire des calculs de la fameuse « bioéquivalence » parce qu'on ne sait pas calculer son empreinte écologique ! Certains y voient une énergie formidable par son potentiel énergétique, puisqu'elle mobilise un espace limité et n'émet pas de CO2, d'autres une bombe à retardement par l'ampleur des déchets qu'elle génère et le problème du recyclage des centrales, sans cesse reculé dans le temps. N'empêche que lorsque l'Allemagne ferme ses centrales nucléaires pour plaire à son opinion publique, elle se met d'une part à importer du gaz russe, ce qui la met dans la main de Poutine, d'autre part à faire tourner ses centrales thermiques au charbon et au lignite – difficile d'être plus polluant. Et sa population paie désormais l'électricité une fortune. Quelle super affaire ! Nous avions un système de valorisation des déchets nucléaires très avancé, la surrégénération. En 1997, le gouvernement de Lionel Jospin a cru bon de fermer l'outil industriel de premier plan qui permettait de l'exploiter, Superphénix, dans l'Isère, pour rouvrir dans le Gard le vieux « Phénix », une aberration. Comme si on était revenu au minitel après avoir inventé l'ordinateur. Mais il fallait plaire aux écologistes du gouvernement, grands promoteurs de l'empreinte écologique. Et qui voulaient « sortir du nucléaire ». Les démantèlements de Superphénix et de Phénix coûtent depuis des années une fortune aux Français, mais heureusement ils ne le savent pas.

Aujourd'hui, personne ne se pose plus la question de savoir comment l'empreinte écologique, cet index accusateur pointé sur l'humanité, est calculée, le référentiel employé… Mais son antienne nous tombe dessus chaque été, toujours plus culpabilisatrice. Les valeurs idéologiques qui la sous-tendent aboutissent pourtant à réserver le bien-être et le confort à une toute petite poignée de nantis, en déniant le droit au développement des pays émergents et des pauvres de la planète.

Asséner en permanence aux classes moyennes, de plus en plus nombreuses sur la terre, qu'elles sont coupables de vivre comme elles le font est juste démobilisateur et inutile. Si la planète vivait réellement au-dessus de ses moyens depuis… 1987, comme le prétend l'empreinte écologique, le développement n'aurait pas pu se produire. Dire que nous vivons « à crédit » sur les ressources que la terre peut nous donner signifierait que ses ressources forment un capital constant, une quantité qui ne peut être augmentée. Mais les ressources ne sont pas un stock, elles sont un flux illimité, issu de la capacité unique de l'espèce humaine à capitaliser les connaissances acquises et à innover en permanence, pour évoluer, améliorer son cadre de vie. Ce qui devrait faire réfléchir les antispécistes, eux qui cherchent en permanence ce qui nous différencie de nos amis les bêtes. Chaque génération de chiens repart de zéro, chaque génération d'hommes capitalise sur un immense réservoir de connaissances et d'expériences. Sauf si on marche pour le climat au lieu d'aller s'instruire.

Quand les hommes n'avaient que des houes pour gratter la terre, ils vivaient chichement et mouraient dès que leur nombre s'accroissait. Et tout le monde acceptait cette fatalité en disant qu'il fallait bien des « régulateurs ». C'était le message sous-jacent du bon Malthus, qui voulait entre autres limiter le droit des pauvres au mariage pour en réduire le nombre. Aujourd'hui, des systèmes de gestion agronomiques poussés, de bonnes semences, une réflexion sur la protection des sols, des machines pour épargner aux hommes la terrible pénibilité du travail de la terre permettent non seulement de produire plus, mais aussi de capter plus de carbone. L'alimentation de demain, la mobilité de demain, le confort de demain seront différents de ceux d'aujourd'hui. Parce que l'intelligence des hommes ne cesse de progresser. Il ne sert à rien de dresser des projections linéaires à partir de l'existant. Parce que le monde de demain ne sera pas celui d'aujourd'hui, et que les fameux « hectares bioproductifs » de l'empreinte écologique sont incapables de prendre ces mutations en considération. La montée des classes moyennes s'accompagne de la montée de la protection de l'environnement et de la prise de conscience de l'impératif écologique. Lorsque l'on a enfin la chance de voir son niveau de vie s'élever, très vite on ne supporte plus de vivre dans un environnement dégradé. On devient sensible à la conscience écologique. À l'envie de préserver, de protéger. Dresser des diktats, condamner, accabler, ne sert à rien, juste à décourager.

Le développement durable, qui vise à la gestion économe de la ressource, au découplage entre consommation d'énergie et production de bien-être, doit être un impératif qui nécessite une coopération mondiale accrue. S'enrichir, vivre mieux, c'est justement ne pas reproduire les erreurs passées. En termes de consommation de carburant, de quantité de matières premières utilisées pour les construire, de durée de vie et de facilité de recyclage, les automobiles ne cessent d'évoluer. Tout comme les ordinateurs, de plus en plus réduits et de plus en plus puissants – mais cette évolution nous rend de plus en plus dépendants des terres rares produites dans un tout petit nombre de pays, et de technologies dont l'Europe a perdu le contrôle. Elle doit impérativement aujourd'hui reprendre en main son industrie, son agriculture, ses terres, ses technologies, ce qui suppose de cesser de faire de mauvais choix.

Rien ne sert pourtant de regretter le passé. Tout comme les paysages évoluent au gré des priorités successives des sociétés qui inscrivent leur marque sur les territoires, la mobilité change de visage. Le monde de demain sera bien différent de celui d'hier et les hommes apprennent au fil des années à gérer de mieux en mieux leurs espaces, leurs ressources. Ils en inventent d'autres, réfléchissent à mettre en place des systèmes de recyclage, de réduction des intrants, d'économie circulaire, d'écologie industrielle… Pour vivre tous ensemble mieux sur la même planète, sans classer les humains en « bons » et en « mauvais » élèves, au nom de critères arbitraires et dépassés. Retrouvons la confiance et la joie de vivre au lieu de battre notre couple en permanence.

La nouvelle danse de la pluie

Novembre 2015. Laurent Fabius et Ségolène Royal exultent : ils ont réussi leur pari. La communauté internationale vient de s'engager sur un accord mondial de réduction des gaz à effet de serre.

À Paris, tout le monde se congratule : depuis l'adoption de la convention internationale sur le changement climatique, en 1992 à Rio de Janeiro, premier grand sommet de l'après-guerre froide, les États (les fameuses « parties » de la Conference of Parties, bref la COP) se sont réunis vingt et une fois, dans tous les plus beaux lieux du monde, à grands frais et en mobilisant des milliers de « sherpas », ces négociateurs de l'ombre, pour tenter d'enrayer le réchauffement de la planète. En 1997, il y a eu le Protocole de Kyoto, qui créait un marché mondial du carbone pour les 38 pays considérés comme développés : puisque le CO2, résultant de nos activités modernes, le transport, le chauffage, l'industrie, est considéré comme le premier des gaz à effet de serre, c'est sur lui que repose la fameuse taxe carbone. Elle consiste à allouer à chaque pays, à chaque unité productive, un quota d'émission de CO2 à ne pas dépasser, sauf à devoir payer une taxe, qui vient alimenter un fonds carbone destiné à financer la transition énergétique mondiale, ou bien à acheter à d'autres pays moins émetteurs leurs propres quotas. Il reste aussi la solution de financer dans des pays dits du Sud (pauvres) des projets visant à permettre l'atténuation des émissions, pour bénéficier, par un système qu'on appelle le MDP (mécanisme de développement propre), de quotas d'émission. C'est grâce à ce système, qui sert souvent de laboratoire à l'expérimentation de nouvelles technologies dites propres que la Chine notamment a pu bénéficier d'un gigantesque transfert de compétences, qu'elle utilise aujourd'hui pour se poser en leader du développement durable.

L'idée sous-jacente de cette usine à gaz colossale, qui mobilise des milliers de spécialistes, des tonnes de calculs, et des commissions à n'en plus finir – sans parler des sommets mondiaux sur le climat, si compliqués et ruineux, que la COP 23, qui devait être assumée par Fidji, a été déléguée à l'Allemagne, plus à même d'accueillir en toute sécurité sur son sol les milliers de délégués et hommes politiques attendus –, l'idée sous-jacente du marché carbone donc, c'est que le monde doit limiter ses émissions en dessous d'un certain seuil, et ne pas dépasser 450 parties par million (ppm) de CO2 dans l'atmosphère. Avant la révolution industrielle, en 1850, nous étions à 270 ppm. En 1990, à 350 ppm. L'observatoire d'Hawaï a enregistré en 2010 un franchissement de la barre des 400 ppm.

Dès le début du XXe siècle, le savant suédois Svante Arrhenius, Prix Nobel de chimie 1903, a élaboré un modèle qui montre que tout doublement du CO2 dans l'atmosphère correspond à une augmentation de la température terrestre de 5 degrés. Cette trajectoire d'accroissement du CO2 semble donc nous mener allègrement vers le dépassement tant redouté. Pour la communauté internationale des climatologues, dépasser 450 ppm, c'est augmenter la température terrestre de plus de 1,5 degré par rapport à l'ère pré-industrielle et mettre toute l'humanité en danger. Parce que le niveau des mers va monter, la biodiversité se dégrader, les récifs tropicaux disparaître, les rendements des cultures s'effondrer, le nombre de réfugiés climatiques exploser. Pour limiter le réchauffement, il faudrait réduire les émissions mondiales de près de moitié en 2030 par rapport à 2010, « atteindre la neutralité carbone » (en réalité, donc, ne plus rien émettre) en 2050, et même extraire du carbone de l'atmosphère ! Je cite les propos du climatologue Jean Jouzel, un physicien du climat qui fait office de pape en la matière.

Diantre !

En même temps, notons que la température moyenne de la terre s'est accrue d'à peine 1 degré Celsius en un siècle, pourtant en pleine ère du pétrole, du charbon et du gaz. Pas vraiment de quoi crier au loup (de toute façon, on ne crie plus au loup puisqu'il est devenu gentil). D'autant que les variations quotidiennes de température sont considérables (plus de 40 degrés d'amplitude thermique diurne au Sahara en février par exemple), qu'entre la ville et la campagne, il existe déjà des variations de plusieurs degrés, tout comme entre les couverts ombragés et les sols nus, ou bien entre l'adret et l'ubac en montagne, ou encore entre les versants au vent et les versants sous le vent dans les îles tropicales. La couverture nuageuse et la vapeur d'eau dans l'atmosphère sont de loin les principaux facteurs de l'effet de serre. Un degré d'accroissement en un siècle et demi, ce n'est donc vraiment pas la mer à boire. Nous avons connu bien pire, notamment des épisodes de grand froid, qui ont toujours été des drames pour l'humanité, des périodes de famines, de guerres, de grandes migrations. L'Europe a ainsi vécu une période noire pendant cinq siècles, du début du XIVe au début du XIXe, peste noire, guerre de Cent Ans, crises alimentaires incessantes, Révolution française… Au point que dans les années soixante-dix, c'est le refroidissement apparent de l'atmosphère qui panique les scientifiques, et non le réchauffement. Il y a dix mille ans, la dernière glaciation a joué le rôle d'essuie-glace en Europe, anéantissant la vie dans de nombreux milieux. Elle a été suivie de l'optimum climatique de l'holocène, pendant lequel il faisait infiniment plus chaud qu'aujourd'hui sur la terre (4 degrés de plus en moyenne), ce qui a permis la naissance de l'agriculture. Que certains n'hésitent pas aujourd'hui à qualifier de catastrophe, alors que sans elle, l'humanité n'aurait jamais pu se développer. Mais pour les mêmes, c'est précisément l'humanité qui est la catastrophe…

Le faible réchauffement actuel n'est donc ni nouveau, ni alarmant. Il fait le bonheur de tous les peuples qui vivent aux hautes latitudes, les Inuits d'Amérique du Nord, les Lapons de Scandinavie (qui préfèrent se dénommer Samis), ou les peuples indigènes de Sibérie : enfin, ils vont pouvoir cultiver la terre et se nourrir, sans être contraints, comme leurs ancêtres, de ne manger que la viande d'animaux tués à la chasse, construire de vraies maisons au lieu de vivre dans des igloos qui ne réjouissent que les voyageurs en mal d'exotisme, avoir accès à des ressources minières, alimentaires, touristiques, jusque-là inaccessibles…

Ce n'est pas le réchauffement en lui-même qui est inquiétant, vous rétorquent alors les physiciens du climat, mais sa rapidité. Jamais la terre n'aurait connu un changement aussi rapide.

Un degré en un siècle, un changement rapide ? De qui se moque-t-on ?

Alors on vous dit : « oui, mais les dernières années ont été les plus chaudes jamais enregistrées ». Ah bon. Et depuis quand ? Et en quoi des années chaudes signifient-elles qu'une trajectoire mortifère est engagée, alors que dans les années trente, l'humanité connaissait des drames autrement plus terribles ? Comme ces fameux dust bowls des grandes plaines, qui firent écrire *Les Raisins de la colère* à Steinbeck, suscitant les grandes migrations vers la Californie et les premiers programmes de protection des sols aux États-Unis.

Oui, mais en 1988, les Nations Unies ont créé le GIEC, groupement intergouvernemental d'experts sur l'évolution du climat, une alliance hétéroclite de milliers de personnes, certaines nommées pour leurs compétences scientifiques, d'autres pour leur représentation politique. Le GIEC ne produit pas de recherches, mais il les compile. Il n'est pas anodin de noter que le mandat de cette institution est de *montrer le rôle de l'homme dans le changement climatique*. Difficile de sortir de son mandat. Tous les cinq ans, le GIEC produit donc un rapport en trois volumes, état des connaissances sur le changement climatique, stratégies d'atténuation (*mitigation* en anglais, c'est-à-dire tout ce qui permettrait de diminuer les émissions de CO2), stratégies d'adaptation (tout ce qui permettrait de préparer le territoire aux bouleversements en cours).

Tous les cinq ans, le rapport monte d'un cran dans l'alarmisme. Il est vrai que les émissions de gaz à effet de serre ne cessent de croître, à la mesure de la sortie de la pauvreté de masse d'un nombre croissant de nations : dès qu'un pays se développe, il produit et importe plus, sa population consomme plus et se déplace plus, avec des engins modernes… Le résultat n'est pas que négatif : en 2010, le premier des objectifs du millénaire pour le développement, diminuer le nombre de pauvres dans le monde de moitié, a été atteint avec cinq ans d'avance, principalement grâce au développement de la Chine, mais pas seulement : de nombreux pays sont sortis de la pauvreté. Bien évidemment, les émissions de ces pays émergents ont augmenté. Elles ne chutent que lorsqu'un pays traverse une crise grave qui ralentit l'activité économique, comme l'Union soviétique au moment où elle disparaît, en 1991, ou au moment de la crise financière de 2007-2008. Un pays pauvre émet peu, sauf quand il brûle ses forêts. Un pays qui a misé sur le nucléaire, comme la France, est meilleur pour le climat qu'un pays qui produit son électricité avec des centrales thermiques.

C'est un phénomène mécanique : aujourd'hui développement égale augmentation des émissions de CO2. La Chine a ainsi dépassé le traditionnel premier émetteur, les États-Unis, en 2006, et représente aujourd'hui plus du quart des émissions mondiales. Les États-Unis suivent avec 15 %, l'Europe avec 10 %, l'Inde avec 7 %. Évidemment, si on regarde les émissions par habitant, les monarchies ultradéveloppées et pétrolières du Golfe, qui vivent dans un milieu hyper aride et ne peuvent compter que sur les progrès techniques pour supporter leur climat et se moderniser, arrivent largement en tête, suivies des États-Unis. Ramenées à leur population, supérieure à un milliard de personnes, la Chine et surtout l'Inde ont encore du chemin à parcourir avant de les égaler. Ne parlons même pas de l'Afrique subsaharienne, dont chaque habitant émet très peu de CO2, reflet de la pauvreté de masse qui caractérise encore ce continent. Où un enfant sur dix continue de mourir avant l'âge d'un an dans les campagnes. Mais l'Afrique est dans les clous pour son empreinte écologique. Notre modèle à tous devrait-il être le mode de vie africain ? Il est vrai que la récupération et le recyclage atteignent des sommets dans ce continent (par ailleurs tellement ravagé par la pollution aux sacs plastiques que plusieurs pays se sont enfin décidés à les proscrire), que le paysan déplore de voir ses récoltes dévastées par les ravageurs, qu'il n'a souvent que ses pieds ou le vélo pour transporter ses maigres récoltes. Mais au moins, l'Afrique peut-elle se targuer de ne pas émettre ! Contrairement à la Chine, à l'Inde et à tous ces pays émergents qui, eux, sortent de la pauvreté. Ce qui est une bonne nouvelle pour l'humanité semble donc une mauvaise nouvelle pour la planète. Et vice-versa.

Pour sortir de ce dilemme, qui ne devrait pas en être un, car les pays les plus avancés, comme la Scandinavie, sont de bons élèves du climat, le GIEC devrait tenir un discours constructif. Montrer que l'élévation du niveau de vie s'accompagne de la montée, non des mers, mais de la conscience écologique, et de la recherche de solutions intelligentes. Mais il a résolument choisi l'option inverse. Et comme l'élévation actuelle des températures n'est pas aussi alarmante qu'il le souhaiterait, les catastrophes pas suffisamment nombreuses, le GIEC nous promet des lendemains terrifiants : multiplication des évènements extrêmes, risque de réactions en chaînes si les océans ne parviennent plus à absorber tout cet oxyde de carbone émis par les activités humaines, élévation brutale du niveau des mers lié à la fonte accélérée des glaces polaires… En la matière, l'Antarctique fait office de Voldemort. Selon l'Académie des Sciences américaine, la fonte totale du pôle Sud provoquerait une élévation des mers de 52 mètres ! Sauf que la glace s'épaissit au centre de l'Antarctique et se détache sur ses marges occidentales. Et qu'on ne sait pas si la fonte des glaciers périphériques ne sera pas compensée par la remontée de l'inlandsis. Et que certes, l'Antarctique vêle des morceaux de glaciers de plus en plus énormes, mais le niveau des mers n'a augmenté que de 10 centimètres depuis 1993. Le pire, comme toujours, nous attend demain, avec par exemple la fonte de l'immense glacier Thwaites, que certains qualifient désormais de « glacier de la mort ».

C'est sur de telles spéculations que se fondent les alertologues pour nous annoncer la fin du monde. Ou plutôt la fin de l'humanité sur une planète totalement détraquée. On représente la terre comme un malade en surchauffe. « Éteignez-moi ou je tue un ours blanc », cet autocollant a figuré un temps sur les interrupteurs de la faculté de Nantes. Je ne sais pas s'il y est encore. Comme culpabilisation, on fait difficilement pire.

OK Houston, nous avons un problème avec l'Antarctique. Comme nous en avons pas mal avec les volcans, et avec les météorites qui frôlent assez régulièrement la terre. Mais gérer le risque, prévenir les dommages, l'humanité sait faire. C'est même pour cette raison qu'elle est passée d'un à sept milliards d'hommes en deux siècles.

D'où le torrent d'insultes qui se déverse désormais, via les réseaux sociaux, sur la malheureuse qui annonce ingénument qu'elle va bientôt être maman de son troisième enfant.

On mobilise des stars qui n'y connaissent rien, mais sont prêtes à enfourcher les causes les plus diverses si elles y gagnent en popularité et en visibilité. Lors du Sommet mondial des gouvernements organisé par les Émirats arabes unis en février 2019, Harrison Ford fait donc spécialement le voyage jusqu'à Dubaï pour nous dresser le bilan apocalyptique de ce qui attend l'humanité si elle ne s'amende pas. Qui de plus convaincant qu'Indiana Jones pour nous convaincre que nous sommes désormais tous des aventuriers de l'arche perdue ?

La litanie des drames censés accompagner le changement climatique donne le vertige. Ouragans de plus en plus violents, mais aussi sécheresses de plus en plus brutales, disparition accélérée de la biodiversité, croissance affolante du nombre des réfugiés climatiques, contraints de quitter leur milieu, trop dégradé, voire détruit (puisque les deltas et les estuaires seront submergés par la mer), pour rejoindre des terres plus accueillantes sur le plan climatique. Au Sommet de Dubaï, personne n'objecte que les migrants climatiques rejoignent en masse un milieu marqué à la fois par l'hyperaridité et la proximité maritime, ces fameuses monarchies pétrolières, dont les immigrés représentent désormais près de 80 % de la population. Et que les Bangladeshis, Sri Lankais, Indiens, Ougandais, Kenyans, Sud-Soudanais, qui constituent le gros des travailleurs étrangers, viennent de pays généralement si bien arrosés que leurs terres fertiles sont convoitées par des acquisitions chinoises, saoudiennes, émiriennes de plus en plus nombreuses. Ceux qui travaillent dans le Golfe ont été chassés de chez eux non pas par le climat en réalité, mais par la pauvreté. Ceux qui fuient la Syrie et l'Afghanistan, non par le climat mais par la guerre.

Il n'existe dans le monde aucune corrélation entre densités de populations et climats. Entre niveaux de vie et climats. C'est l'histoire qui explique les noyaux de peuplement, la force des interactions, les courants d'échanges, le niveau des civilisations. La géographie exerce toujours une contrainte, mais justement la force aménageuse des hommes sait la surmonter, voire la valoriser. Sinon, personne n'habiterait les Pays-Bas, tout petit pays dont les deux tiers du territoire sont situés sous le niveau de la mer, et qui est pourtant l'une des premières puissances agricoles du monde. L'archipel d'Abou Dhabi, ce désert des déserts, aurait été fui au profit de pays plus accueillants. Au contraire du Soudan du Sud, ce « pays des rivières », l'un des mieux dotés et des plus fertiles du monde. Mais ravagé par la guerre, la malnutrition, le sous-développement. Le déterminisme climatique n'a pas plus de valeur que le déterminisme géographique. La nature propose, l'homme dispose. Mais plus il est pauvre, plus la nature impose. Et il faut justement le développement pour exercer sa capacité de choix.

L'histoire de l'humanité est celle des grandes migrations. Entre 1850 et 1914, c'est l'Europe qui envoie cinquante millions de personnes dans le monde, des Irlandais décimés par la grande famine, causée par le mildiou de la pomme de terre, un million de morts, deux millions de « réfugiés climatiques », jusqu'aux migrations massives vers les États-Unis des populations très pauvres d'Europe centrale. Mais on a oublié les ravages du mildiou, nous qui voulons ne plus traiter nos récoltes.

On ne migre pas du sec vers l'humide, ni du chaud vers le froid, ou l'inverse, mais de la pauvreté vers la richesse. Pourtant, le concept de migrants environnementaux, appelés aussi réfugiés climatiques, fait désormais recette, bien qu'il ne bénéficie pas d'un statut juridique, contrairement aux réfugiés politiques, pris en charge par le Haut Commissariat aux Réfugiés. Tous ceux qui quittent un environnement dégradé sont désormais qualifiés de migrants climatiques, et la Banque mondiale annonce des chiffres records pour les années 2030. Surtout si le « glacier de la mort» submerge les deltas et les estuaires, alors que la moitié de la population mondiale vit à moins de cent kilomètres d'un rivage !

Raison de plus pour tout mettre en œuvre en faveur du développement : quand le niveau de vie d'un pays s'élève, non seulement les nouvelles classes moyennes ne migrent plus – sauf pour des déplacements touristiques de courte durée… – mais elles reviennent vivre dans leur pays… qu'elles aménagent pour tenir compte des contraintes géographiques. Les Angolais quittent le Portugal pour retourner en Angola. Les Vietnamiens préfèrent vivre au pays plutôt qu'en exil. En Afrique, souvent présentée comme le continent de la désespérance, les « repats », nom qu'on donne aux personnes d'origine africaine, même lointaine (les Noirs américains), qui choisissent de revenir vivre en Afrique innovent, créent des richesses et de l'emploi au bénéfice de tous.

La bonne nouvelle, c'est que ces nouvelles classes moyennes ne supportent plus de saccager leur environnement. Elles trient leurs déchets, replantent des arbres, organisent de grandes manifestations de sensibilisation à la question de la pollution, exigent de leur gouvernement qu'il mette en œuvre des mesures drastiques pour protéger le patrimoine naturel de leur pays. Progressivement, les pays émergents adoptent des techniques visant à émettre moins de gaz à effet de serre, à améliorer l'intensité énergétique de leur croissance, à découpler le rapport entre l'accroissement du PIB et la production de déchets comme la consommation d'énergie. À partir d'un certain seuil, les émissions par habitant décroissent et rejoignent celles des pays développés, comme le montre l'exemple de la Chine, devenue une ardente propagandiste de la protection de l'environnement, même si on l'a vu, ses raisons ne sont pas uniquement dictées par un véritable souci écologique. C'est ce qu'on appelle en géographie la « courbe de Kuznets environnementale ». De la même façon qu'un pays qui commence à se développer voit s'accroître les inégalités sociales jusqu'au moment où l'État a les moyens de financer la redistribution, un pays qui sort de la pauvreté commence par le faire au détriment de son environnement, polluant et saccageant, jusqu'au moment où les nouvelles classes moyennes, soucieuses de la qualité de leur cadre de vie, font plus attention à leur comportement, exigent de l'État qu'il adopte des modes de production plus propres. Elles acceptent par exemple l'interdiction des sacs plastiques, cette plaie environnementale, organisent des campagnes de sensibilisation, se mobilisent contre l'implantation d'unités minières ou industrielles polluantes… Certains estiment que le point d'inflexion se situe autour de 10 000 dollars de revenu par habitant et par an.

Nous avons donc tous intérêt à la « moyennisation » du monde, la montée des classes moyennes. En 2050, le monde sera un monde de classes moyennes, deux personnes sur trois vivront en ville, et tout le monde voudra absolument protéger la planète.

Mais ce sera trop tard, se lamentent les mouvements écologiques radicaux, pour qui les pauvres sont encore plus détestables lorsqu'ils s'enrichissent. Beaucoup de nantis craignent plus encore les pauvres que la pauvreté et la détresse du bébé phoque déclenche chez eux des torrents lacrymaux plus abondants que celle de l'enfant affamé, sauf s'ils peuvent le maintenir à distance, lui et sa famille. Au moins les pauvres qui meurent de faim ne migrent pas. Ce qui ne les rend pas moins détestables quand, pour se nourrir, ils brûlent leurs forêts, exploitent leur charbon, tuent les animaux sauvages.

La colère face à de tels agissements de survie ne pousse pas, pourtant, les nantis à une coopération accrue, qui consisterait à un transfert généreux des techniques les plus avancées, pour produire de l'énergie ou préserver la biodiversité. Non, le marché des technologies vertes est bien trop précieux pour qu'on le brade à des gens qui risquent de nous le voler en le copiant sans vergogne. Alors les riches se gardent les technologies propres rien que pour eux, en accusant les anciens pauvres de vouloir les voler. L'intérêt de la planète passe soudain bizarrement au second plan. Les grandes entreprises savent que surfer sur la vague verte leur ouvre des marchés, prédisposant favorablement les consommateurs à l'égard de leurs produits, même plus coûteux : vert c'est toujours plus cher, même quand ça coûte moins cher à produire. *Green is the new gold*. Se montrer résolument engagées dans la transition écologique leur permet aussi d'adopter leurs propres labels, chartes et indicateurs, ce qui leur évite l'adoption de normes trop contraignantes de la part des États. Les politiques sont souvent des suivistes, sensibles aux sirènes de l'opinion publique. Les entreprises ont compris que pour éviter de se voir imposer des législations trop draconiennes et pour conserver leurs marchés, voire en conquérir de nouveaux, elles doivent adopter des comportements vertueux : leurs engagements en matière de responsabilité sociale et environnementale les poussent à limiter leurs consommations de matières premières, à traiter mieux leur personnel et leur environnement, à mettre en œuvre le recyclage de leurs produits… Tout le monde y gagne.

Firmes multinationales, mais aussi innombrables start-up vertes (à qui les médias adorent dérouler le tapis rouge, à coups de numéros spéciaux « cent solutions pour sauver la planète ») rivalisent ainsi de déclarations « vert-ueuses », d'autant que ces engagements leur permettent d'augmenter le prix de leurs produits et de leurs services, voire de taxer les consommateurs d'une « participation » quasi-forcée à leur grande œuvre, sous forme de contribution prélevée d'office, sur le prix du voyage, de la voiture ou du vêtement présentés comme responsable et équitable. Et même de vendre plus cher des services moindres. Ah, ces hôtels et ces tour-opérateurs « écoresponsables », qui vous vendent de l'inconfort à prix d'or ! Tous sont obligés aujourd'hui d'afficher que si vous voulez vraiment qu'on vous change votre serviette, il faut en faire la demande expresse, honte à vous qui utilisez tant d'eau et de lessive, alors qu'on pourrait replanter des arbres. N'importe où d'ailleurs, et n'importe comment, puisqu'un arbre, c'est forcément une super idée. Alors que tout dépend de l'espèce – certains comme l'eucalyptus appauvrissent la diversité et favorisent les feux de forêts, mais fournissent vite du bois et du papier. Et si votre écolodge, votre cabane perchée, votre yourte ou votre igloo, tous authentiques, n'ont ni télé ni internet, c'est parce que c'est meilleur pour la planète. Ce qui est vrai d'ailleurs, puisque faire fonctionner et refroidir tous les serveurs mondiaux mobilise bien plus d'énergie et envoie bien plus de CO2 dans l'atmosphère que toute la déforestation mondiale, constat qui n'empêche nullement les États et les entreprises de « dématérialiser » à qui mieux mieux. La planète sert trop souvent d'alibi pour des choix dictés par des impératifs tout autres qu'écologiques.

Mais les anciens pauvres savent prendre les riches à leur propre discours. Ils sont les premiers à plaider en faveur du développement durable quand ce dernier leur permet d'avoir accès à des technologies et à des financements. La Chine a ainsi développé un savoir-faire très poussé dans les éoliennes, dont elle est le premier installateur mondial, après avoir pillé le savoir d'une entreprise américaine qui était leader dans ce secteur. Si le but réel était la protection de la planète, nous devrions nous réjouir de telles méthodes… mais nous vivons dans un système capitaliste où le business vert est surtout devenu une poule aux œufs d'or. Et la guerre des technologies vertes, la dernière course à l'échalote sans merci du capitalisme, toujours en quête de nouveaux avatars.

Peindre la situation de la planète comme une urgence absolue en termes d'atteintes portées à l'environnement permet surtout de faire marcher sa petite affaire. Les ONG environnementales vivent ainsi grassement sur le dos de l'État, qu'elles accusent d'inaction climatique, sur celui des entreprises, qu'elles rançonnent, comme sur celui des particuliers, qu'elles culpabilisent pour mieux les faire cracher au bassinet. Et chaque conférence internationale dédiée au climat offre le grand spectacle du bal des hypocrites et des opportunistes, tous prêts à s'indigner plus fort que le voisin, dans une grande débauche de gaspillage d'énergie. Il en faut pour accueillir chaque année dans les lieux les plus divers, généralement plutôt sympathiques sur le plan touristique, des milliers de délégués venus en avion, en hélico, voire en jet privé, défendre avec véhémence la nécessité de lutter contre le changement climatique !

Les pays du Sud accusent ceux du Nord d'avoir provoqué le changement climatique par leur révolution industrielle dès le XIXe siècle, parce qu'ils auraient craché dans l'atmosphère des milliards de tonnes de CO2, dont le monde supporte aujourd'hui les conséquences. Il leur faut donc « réparer » par des transferts financiers et technologiques massifs. Le fonds d'adaptation lancé lors de la COP 15 à Copenhague en 2009, déjà qualifiée de « réunion de la dernière chance » il y a une décennie, doit d'ici 2020 ajouter 100 milliards de dollars de financements aux quelque 150 milliards d'aide publique au développement. C'est le principe de la « dette écologique » justifiée par les « pertes et dommages » subis par les pays pauvres à cause des pays développés. La nouvelle « justice climatique », quelle manne ! Quelle aubaine ! Très au point, la sémantique rappelle les grandes envolées lyriques lancées hier à la tribune de l'ONU par tous ces leaders « charismatiques » du Sud, qui dénonçaient l'impérialisme du Nord, exigeant des financements colossaux, et bien sûr l'annulation de la dette de leur pays, placée depuis longtemps bien au chaud dans des paradis fiscaux.

L'écologisme a remplacé l'impérialisme, mais la teneur de l'argumentation reste la même. À Dubaï, lors du Sommet mondial de février 2019, Fernanda Espinosa, la représentante de l'Équateur, maîtrise parfaitement la dialectique. « Il nous faut des milliards de dollars pour assurer la bonne transition écologique », clame-t-elle sans complexe à la tribune. Ce qui est curieux, c'est qu'elle réclame cette aide à des pays qui sont passés du Tiers-Monde au premier monde en moins d'une génération : hier récipiendaires de l'aide humanitaire internationale, les Émirats arabes unis en sont aujourd'hui le premier donateur, non en volume (c'est l'Europe), mais en pourcentage de leur richesse nationale. Du Tiers-Monde au premier monde, cette formule est le titre d'un livre de Lee Kuan Yew, l'homme providentiel de Singapour, mort en 2015. Celui qui fit d'une petite cité-État sans ressources et sans territoire, détachée de la Malaisie en 1965 pour cause de population chinoise trop importante, l'une des premières puissances financières du monde. L'une des plus riches aussi, puisque son revenu par habitant tutoie les sommets. Un Qatar sans pétrole, ou plutôt une Suisse au cœur de l'Asie. Même le territoire national a pu être agrandi d'un tiers, gagné sur la mer, montrant combien la volonté humaine peut changer la face du monde.

Singapour sait dès son aéroport, transformé en jardin où fleurissent les orchidées, vous administrer la preuve de son excellence. Mais les chants d'oiseaux qui vous y bercent proviennent de discrets haut-parleurs dissimulés dans la ramure : le monde soigneusement construit est plus parfait que la nature sauvage, qu'il faut parfois détruire pour mieux la recréer, telle est la leçon que Singapour entend donner. Cette perfection qui ne tolère pas la moindre déviance – au point qu'un papier jeté au sol vous expédie tout droit au poste de police – justifie aux yeux du gouvernement de Singapour le dirigisme avec lequel il a mené d'une main de fer sa métamorphose, créant une nation jardin, exaltant une nature sublime.

Lee Kuan Yew avait un grand ami, Sheikh Zayed, un bédouin né d'une grande famille au cœur du désert des déserts. Tous deux ont beaucoup échangé au cours de leur vie car ils rencontraient les mêmes défis : le premier devait développer une presqu'île minuscule et sans ressources ; le second un morceau de désert misérable et battu par les vents de sable. Sheikh Zayed fit appel aux meilleurs agronomes, aux meilleurs techniciens du monde entier, pour transformer ses dunes en pays des mille et une nuits, où l'eau ruisselle de fontaines de nacre.

Abou Dhabi comme Singapour cultivent le même volontarisme, qui illustre à la fois cette capacité des hommes à modifier radicalement leurs conditions de vie, et cette volonté d'exister dans un environnement difficile, qui vous conduit à exalter vos valeurs de civilisations, à recréer un ciment identitaire puisé dans un passé magnifié. Comme Singapour, les Émirats arabes unis se veulent un hub culturel au cœur de leur région. Quel meilleur symbole pour démontrer sa réussite que la prouesse architecturale ? Aux Émirats, c'est la Burj Khalifa qui, telle une pyramide moderne effilée par les nécessités de l'aérodynamique, s'élance à l'assaut du ciel sur plus de huit cents mètres, rabaissant les gratte-ciel voisins au statut de nains.

Quand le monde qui vous entoure est hostile, les méthodes autoritaires passent aux yeux des bâtisseurs pour la seule voie capable de surmonter l'adversité. Ni Lee Kuan Yew ni Sheikh Zayed n'admettaient la remise en question de leur dessein aménageur. Pas plus que le président chinois Li Xiping ou Vladimir Poutine, soucieux de restaurer la grandeur de la Russie, ne tolèrent aujourd'hui la contestation.

Partout et de tout temps, le miracle de l'émergence n'a pu se faire sans casse sociale. Partout, la négation des libertés publiques et l'existence de soutiers suffisamment misérables pour juger que leur vie valait la peine d'être sacrifiée en échange de lendemains qui chantent pour leur famille, voire leur pays quand le conditionnement avait pu être mené à bien, ont accompagné le passage de la pauvreté à la richesse. Albert Londres raconte l'horreur de la révolution industrielle en Angleterre, les bas-fonds, la misère, l'exploitation du minerai humain. Les Sud-Coréens, après les Japonais, se sont sacrifiés pour assurer la fortune de leur pays. Les immigrés ont fait et continuent de faire la fortune de Singapour et d'Abou Dhabi, comme celle de la Chine ou des États-Unis. Partout l'enrichissement et l'émergence s'accompagnent d'injustices et d'inégalités, mais les pauvres sortent de la pauvreté. Hier, l'ordre établi et l'autoritarisme brisaient impitoyablement les velléités de révolte et les revendications pour plus de justice sociale, jusqu'à ce qu'enfin les démocraties naissent dans la douleur. Aujourd'hui, la donne a changé : la naissance d'une classe moyenne mondiale, qui revendique des libertés politiques à l'aune de l'élévation de son niveau de vie et d'information, et l'existence de réseaux sociaux d'information et de mobilisation, qui se déploient dans un espace désormais mondial, font que les inégalités, l'injustice, les sacrifices, hier perçus comme des passages obligés vers une nouvelle ère, sont désormais vécus comme intolérables, furieusement dénoncés. Le peuple descend dans la rue et exige. Si les gouvernements ne veulent pas être renversés, ils doivent être capables de répondre à cette attente, au Venezuela comme en Algérie.

Une mosquée et un palmier, voilà ce que devait voir en sortant de chez lui chaque habitant d'Abou Dhabi, capitale des Émirats arabes unis. Une mosquée et un palmier, la religion qui cimente les hommes et la nature qui les réconforte, le vert de l'islam et le vert de l'arbre, ce raccourci saisissant résume bien des nations aujourd'hui. Prêcher une foi unificatrice, quitte à ce qu'elle vous isole de vos voisins, planter des arbres pour recréer la biodiversité qu'on a détruite – ou qui n'a jamais existé –, l'idéologie identitaire et le culte d'une nature idéalisée fondent un socle commun, hélas décliné de façon bien différente, voire antagoniste, qui caractérise désormais tous les pays qui se considèrent eux-mêmes comme développés.

Le monde regorge ainsi de lieux qui se sont métamorphosés en moins d'une génération et affichent leurs performances avec fierté. Quand j'étais jeune étudiante en géographie, la liste des critères du sous-développement était un grand classique. Yves Lacoste en avait fait un incontournable *Que Sais-Je ?* Taux d'alphabétisation très bas, part considérable de la population employée dans une agriculture à très faibles rendements, immenses problèmes sanitaires, qui se traduisaient par le fait que près de trois enfants sur dix ne vivaient pas suffisamment longtemps pour fêter leurs cinq ans, sous-industrialisation, dépendance et extraversion liées à la domination coloniale, qui avait ruiné les efforts de développement autochtone… Le Tiers-Monde existait sans conteste, ensemble aussi géopolitique que social et économique, qui avait proclamé en 1955 en Indonésie, à Bandoung, son aspiration à l'émancipation de la tutelle coloniale. C'était l'époque où le monde ne comptait pas plus de trois milliards d'hommes dont un tiers souffrait de la faim. Même s'il reste aujourd'hui plus de 800 millions de personnes pauvres et malnutries, qui devraient constituer notre absolue priorité – au lieu de faire pleurer les foules sur les hypothétiques besoins des générations à venir –, la faim de masse a été vaincue en moins d'un demi-siècle, en même temps que la pauvreté, et ce prodigieux défi a totalement changé la face de la planète. Beaucoup affirment que c'est pour le pire et que nous courons à la catastrophe. Ils regrettent que tant de personnes, qui « vivaient si heureuses avant, en se contentant de si peu », mènent désormais une existence identique à la leur.

Je pense au contraire que le destin de l'humanité n'est pas si funeste, et qu'à l'image de Singapour et d'Abou Dhabi, nous avons les moyens de bâtir une *success story* planétaire.

Mais qu'au lieu de gaspiller des milliards et des milliards de dollars dans le monde pour mettre en place à marche forcée la transition énergétique, décarboner à tout prix l'énergie, nous devons miser sur le développement d'une part, sur l'adaptation des territoires d'autre part. Le développement parce qu'il induit une classe moyenne dont les attentes et l'attitude sont plus respectueuses à l'égard de l'environnement, l'adaptation parce qu'elle nous permet d'aborder sans risque de drame humain majeur les changements en cours.

Est-il normal que l'adaptation, qui n'est finalement que l'autre nom du développement, ne mobilise qu'une part très mineure des financements, quand l'atténuation, cette guerre des technologies vertes et ces efforts dispendieux pour décarboner l'économie, coûte plus que l'aide publique au développement et que les montants annoncés, partout, donnent le vertige ? Des centaines de milliards de dollars dans le monde ! Est-il normal de mettre en permanence le couteau sous la gorge des gouvernements et de l'opinion publique, comme le font le GIEC, certains partis écologistes ou certaines ONG ? Dans son rapport publié fin 2018, le GIEC nous avertit qu'il ne reste plus que douze ans pour inverser la courbe mortifère qui conduit tout droit l'humanité à son extinction ! Douze ans, cela nous conduit en 2030. Al Gore disait 2017. Ouf, nous avons gagné treize ans.

Et 2030, c'est aussi l'objectif que se donne la FAO pour éradiquer la faim. Comment concilier les mises en garde du GIEC et la vision optimiste de l'organisme de Rome ? En refusant d'accepter la vision d'un monde qui courrait tout droit à la catastrophe.

Des catastrophes plus... spectaculaires

Nous sommes entrés dans l'anthropocène, clament les nouveaux prédicateurs, qui déplorent qu'alors que le « processus d'autodestruction de la planète » a commencé à cause des activités humaines, le monde continue à tourner presque comme si de rien n'était. Pas une journée ne se passe sans que nous n'entendions des accusations de ce type. On envoie la jeunesse dans la rue, des associations déposent des plaintes, des acteurs accusent, les sommets se multiplient, tout comme les grands engagements solennels mais non coercitifs sur lesquels ils débouchent. Nous sommes en permanence dans le déclamatoire et la dramaturgie.

Comment porter le moindre crédit à de telles accusations ?

D'abord, croire que l'humanité est capable de modifier en profondeur la planète comme elle l'a été lors de sa très longue histoire géologique relève d'une certaine arrogance. Nos tours de Babel sont insignifiantes comparées aux grandes éruptions volcaniques, aux séismes, tsunamis, raz-de-marée provoqués par la tectonique des plaques, ou face à la menace d'une chute de météorite. L'histoire de la Terre en est semée. De tels évènements suscitent des bouleversements radicaux et parfois si définitifs qu'ils abolissent toute vie sur notre planète, pendant des temps si longs que comparé à eux, celui de l'existence humaine est totalement dérisoire. Infinitésimal.

Ensuite il est faux de prétendre que l'humanité ne fait rien. Partout des recherches sont menées, sur les villes et l'agriculture intelligentes de demain, sur la transition énergétique, sur des machines mieux conçues, moins énergétivores, sur des bâtiments à énergie positive – qui produiraient de l'énergie au lieu de la consommer... Le développement durable est une formidable machine à susciter de l'innovation, et c'est probablement le seul crédit que l'on peut attribuer aux prédicateurs du désastre : pousser au changement. Du moins quand les discours ne sont pas suffisamment négatifs et pessimistes pour engendrer nihilisme et inaction, sur le mode « vivons heureux et saccageons la planète, de toute façon il est trop tard, tout est foutu ».

Enfin, rien n'est irréversible, sinon la mort (et encore, puisque le transhumanisme nous promet demain l'immortalité). Les géographes savent parfaitement qu'à l'échelle humaine, les destructions, la pollution, la désertification peuvent être réparées. Reconstruire, mais mieux, dépolluer, replanter... L'humanité n'a cessé de transformer ses milieux de vie. Elle habite aujourd'hui un monde qui peut sans crainte envisager de nourrir, d'abreuver et de loger les onze milliards d'hommes que nous serons demain. Au grand maximum, car hélas notre avenir est la disparition programmée, pour cause de vieillissement généralisé. Devenir immortels n'est pas du tout à l'ordre du jour en réalité : nous pourrons peut-être de mieux en mieux réparer le corps par des pièces détachées, mais notre longévité est biologiquement programmée. L'homme ne parvient pas à dépasser cent vingt ans malgré tous ses progrès. On vit jeune de plus en plus longtemps, mais on meurt toujours.

Comment vivra l'humanité de demain ? La grande question est de savoir ce que nous ferons de notre temps, puisque les machines sont appelées petit à petit à nous remplacer. Trouver du travail risque de devenir anachronique. La formidable progression de l'intelligence artificielle (qui, comme son qualificatif l'indique, est encore très loin de pouvoir égaler celle de l'homme) déleste de plus en plus l'être humain des tâches répétitives, pénibles, sans intérêt. Certains s'en inquiètent et plaident pour l'instauration d'un revenu universel. Le travail pourrait, comme hier au sein de la noblesse, qui le jugeait dégradant, devenir inutile, hors de propos. Raison de plus pour construire une société de tolérance où chacun puisse vivre en paix, avec soi-même et avec les autres.

Aujourd'hui, c'est l'inverse qui se passe : la frustration engendre la colère, la colère se cherche des boucs émissaires, et c'est ainsi que monte la haine planétaire. Contre les Juifs, les Arabes, les Noirs, les minorités, les blondes, les roux, les obèses, ceux qui mangent de la viande, chassent, pratiquent la corrida... complétez la liste, elle est interminable. Le choc incessant de grandes haines et de petits communautarismes soucieux de défendre leur pré carré engendre une pollution des esprits bien plus ennuyeuse que l'usure des pneus sur les chaussées. Nous devrions appliquer au monde les principes directeurs de l'aide humanitaire : humanité, neutralité, impartialité, indépendance. Accepter son prochain tel qu'il est et le secourir si nécessaire ; ne pas prendre inconsidérément parti ; ne pas faire de hiérarchisation entre les êtres et traiter tout le monde de la même façon ; être capable, grâce à une éducation solide, de ne pas se laisser influencer par des campagnes de haine, des fausses nouvelles, de prétendus complots cachés.

Oui, mais les catastrophes se multiplient, affirme le GIEC. Et les évènements extrêmes vont devenir de plus en plus nombreux et violents.

Ça aussi, c'est parfaitement faux. Oui, le nombre de catastrophes naturelles semble plus important que par le passé, mais c'est, d'une part, parce que nous vivons dans un village planétaire où tout évènement majeur est instantanément porté à la connaissance de l'humanité, d'autre part parce que le coût de ces catastrophes augmente. Elles ne sont ni plus nombreuses, ni plus violentes, elles sont simplement – mais c'est très important – plus coûteuses.

Pourquoi ? Parce que la mondialisation aujourd'hui signifie la littoralisation, l'urbanisation et l'élévation du niveau de vie. Des populations de plus en plus riches s'entassent en nombre croissant dans les territoires les plus exposés au risque : les rivages. Or, quand elle se déchaîne, l'eau tue plus vite et plus sûrement que la sécheresse. Avec la sécheresse, phénomène lent et progressif, vous pouvez toujours migrer. Quand le déluge vous submerge, il y a peu d'échappatoires. Il faut se réfugier en hauteur le plus rapidement possible, et attendre que ça passe.

Depuis 1970, la population mondiale a été multipliée par deux, mais le revenu par habitant a doublé lui aussi dans l'intervalle. Résultat : des gens qui hier ne possédaient rien et vivaient au fin fond des campagnes sont devenus aujourd'hui des citadins, habitant non loin de la mer le plus souvent (la moitié de la population mondiale) et propriétaires de biens qu'ils assurent. Une catastrophe aujourd'hui peut être chiffrée économiquement. Et plus le monde s'enrichit, plus les catastrophes coûtent cher. D'autant que les riches adorent vivre avec vue sur un rivage, là où leurs ancêtres les craignaient et s'en tenaient à distance, hormis s'ils vivaient de la pêche. Presque personne ne savait nager.

Bien sûr, nous apprenons de plus en plus à gérer les risques : prévoir les catastrophes, les prévenir par des dispositifs adaptés, comme les constructions antisismiques, l'élévation de digues littorales, la création de vides sanitaires et de vélux (pour pouvoir se réfugier sur les toits en cas d'inondation brutale), ou l'interdiction de construire dans les zones inondables édictées par les Plans de prévention des risques. Prévoir et prévenir, mais aussi protéger : dans les zones menacées, comme au Chili, des sirènes retentissent en cas de tsunami pour avertir les habitants, qui reçoivent aussi une alerte sur leur portable grâce à la géolocalisation, des plans d'évacuation sont prêts à être déclenchés, des abris construits. Et les pays les mieux gérés reconstruisent très vite les lieux qui ont été dévastés, contrairement à ceux qui restent éternellement enfermés dans l'urgence chronique, comme Haïti. Après le tsunami du 26 décembre 2004, qui a fait 250 000 morts en Indonésie et dans les pays voisins, tout a été au contraire nettoyé au plus vite, et les touristes invités à revenir, pour permettre aux territoires détruits de pouvoir se reconstruire.

Les progrès de la gestion des risques, l'élévation du niveau de vie, l'amélioration de la médecine, de l'hygiène, des secours humanitaires font qu'aujourd'hui les catastrophes naturelles sont beaucoup moins meurtrières qu'hier, alors que nous sommes infiniment plus nombreux.

Il n'empêche que nous vivons en permanence sous l'épée de Damoclès de menaces dont nous n'entendons jamais parler, contrairement au fameux « dérèglement climatique », qu'une adaptation intelligente des territoires et la mémoire des risques permettent d'appréhender sans panique. Si le séisme de Cascadia, responsable du monstrueux tsunami « orphelin » (orphelin par sa violence extrême) de 1700, qui a bouleversé autant le nord-ouest américain que le Japon, se reproduisait au large de la côte occidentale du continent américain, Portland, Vancouver, Seattle, Victoria seraient rayées de la carte. Lorsque les dirigeants de Google ont pris connaissance, en 2005, de l'étude du géologue américain Brian Atwater, qui montrait qu'un tsunami orphelin comme celui de 1700, provoqué par un glissement de la plaque nord-américaine, était susceptible de se produire tous les cinq cents ans, ils ont pris la décision de déménager leurs serveurs sur la côte est des États-Unis.

Les risques existent donc. Ceux liés au climat n'ont nullement une gravité comparable aux grandes catastrophes que la Terre a connues. Pourtant, rares sont les informations à leur sujet ; à quoi sert de paniquer les gens alors qu'ils ne peuvent rien faire de toute façon ? Et puis personne n'a intérêt à vider le nord-ouest des États-Unis et la façade occidentale du Canada. Les intérêts économiques et immobiliers sont tels que si vous avez une maison ou une entreprise là-bas, vous vous la bouclez pour ne pas déprécier votre bien et ne pas faire fuir votre personnel. En croisant les doigts pour que Cascadia continue de dormir encore quelques siècles.

Alors pourquoi entendons-nous en permanence sonner le tocsin ? Parce que nous savons désormais en temps réel ce qui se passe partout dans le monde, ce qui produit une impression de catastrophe permanente. Parce que les réseaux sociaux forment un tambour planétaire assourdissant, qui parvient même à abolir le fameux kilomètre sentimental (l'idée qu'une catastrophe nous touche d'autant plus qu'elle est proche) : ils sont passés maîtres dans l'art de manipuler l'émotion à coups d'images touchantes, choquantes, voire insoutenables. Parce que la dramatisation et le catastrophisme sont précisément les ressorts de l'émotion planétaire, dont le nombre de profiteurs ne cesse de progresser. Parce que comme nous sommes de plus en plus riches, nous avons des soucis de riches : nos maisons, nos voitures, et même nos vacances annulées ont un coût économique qui ne cesse de s'alourdir.

Mais, et c'est la bonne nouvelle, les catastrophes naturelles d'aujourd'hui sont infiniment moins meurtrières que celles d'hier. Il n'y a plus de grandes famines, nous parvenons à enrayer les épidémies (certaines du moins… car le paludisme et le sida restent des fléaux planétaires), nous nous protégeons des sécheresses et des ouragans.

Mais nous mourons massivement d'accidents de voiture, de maladies non infectieuses (cancers, maladies cardio-vasculaires, diabète…), voire de suicides dans certains pays. Est-ce que la mortalité est pire aujourd'hui qu'hier ? Bien sûr que non. Mais quand vous vivez soixante-douze ans, l'espérance de vie mondiale, ce qui veut dire plus de quatre-vingts dans de nombreux pays, quand le nombre de centenaires s'accroît, vous avez plus de probabilité de développer des maladies que lorsque vous en viviez quarante-cinq (dans les années soixante), voire vingt-cinq (en 1800). La vie est une maladie mortelle. L'organisme programme son propre dépérissement. Plus la vie est longue, plus la probabilité de développer une maladie augmente. Exactement comme l'allongement de la durée de vie entraîne celui des mariages, ce qui multiplie la probabilité de divorce, et j'en sais quelque chose.

Mais ces maladies du vieillissement, nous avons les moyens d'en retarder l'apparition, voire de les combattre, sinon de les vaincre. Qui se souvient encore qu'il y avait 18 000 morts en France d'accidents de la route dans les années soixante-dix, contre 3 000 aujourd'hui, pour une population une fois et demie plus nombreuse ? Pas de limitation de vitesse, des voitures pourries (et qui tombaient d'ailleurs facilement en panne), pas d'airbags, pas de ceintures de sécurité, les enfants à l'avant, le nez collé au pare-brise… L'accident de voiture est devenu aujourd'hui la première cause de mortalité en Afrique. Et j'ai eu la surprise de m'entendre dire en Ouzbékistan, alors que je cherchais vainement à m'attacher, dans une voiture où visiblement les ceintures n'avaient jamais été sorties de leur réceptacle : « Ne t'inquiète pas, ici ce n'est pas obligatoire. »

La culture de la sécurité, c'est mettre en œuvre tout ce qui permet à une société de vivre mieux, de se protéger des risques. Exactement l'inverse de la grande dramaturgie ambiante.

Le grand bal des hypocrites

En 1866, l'écologie fut définie comme l'étude des relations entre les organismes vivants par le naturaliste allemand Ernst Haeckel, par ailleurs ardent propagateur d'une vision suprémaciste de l'homme blanc, placé au sommet de la pyramide des êtres vivants. Lors de la grande épopée de la Frontière, les colons américains exterminèrent les bisons par millions pour affamer les Indiens, avant de recréer, au nom d'une nature sauvage idéalisée, la *wilderness*, d'immenses parcs naturels vidés de leurs habitants. Les Nazis du troisième Reich furent d'enthousiastes promoteurs de la protection de la nature, au nom d'une vision romantique de la nécessaire préservation de leur espace vital. Dans lequel ni les Juifs, ni les Tziganes, ni les Slaves, ni les Asiatiques n'avaient leur place.

Les écologistes d'aujourd'hui ont oublié ces glorieuses racines, mais certains tiennent un discours qui lui ressemble étrangement, même s'il est apparemment nettoyé de ses préjugés racistes. Dans les pays du Nord, le courant dominant accuse les pays du Sud d'être de grands saccageurs de la planète, de ne pas maîtriser leur fécondité, de couper leurs forêts tropicales, de tuer leurs animaux symboliques en voie de disparition, tels les Big Five en Afrique (éléphants, lions, buffles, léopards, rhinocéros), les tigres et les orangs-outans en Asie, les jaguars en Amérique latine. Les crédits alloués par les institutions d'aide à la protection de l'environnement sont considérables. Et si ces institutions en avaient le pouvoir – elles l'ont eu temporairement au moment de la crise de la dette, pratiquant sans état d'âme ce que le géographe Georges Rossi qualifie d'ingérence écologique –, elles priveraient bien tous ces États impécunieux et irresponsables de leur souveraineté, pour mettre leurs territoires sous cloche et les confier à des puissantes ONG environnementales, qui s'arrogent tous les droits au nom de la protection de la nature. En mars 2019, le site d'information américain Buzzfeed accuse le WWF de financer des milices paramilitaires en Asie et en Afrique, qui torturent, violent et tuent les populations locales soupçonnées de braconner.

Aux yeux des défenseurs de l'écologie les plus radicaux, ces gens des pays du Sud sont surnuméraires. Leurs femmes pondraient des enfants à la chaîne. Pour les riches des pays riches, la principale cause des malheurs de l'humanité a toujours été cette détestable « surpopulation ». Dans les années soixante-dix, où l'on craignait encore plus qu'aujourd'hui l'explosion démographique des pauvres, l'aide internationale a d'ailleurs financé des campagnes de stérilisation massives et brutales, au Pérou, en Inde, en Chine… Il en est resté une grande méfiance de certaines populations locales à l'égard des campagnes de vaccination et de soins, toujours perçues comme un moyen déguisé d'en limiter le nombre.

Le géographe sait bien, lui, que la notion de surpopulation ne veut rien dire : elle dépend des techniques dont les sociétés disposent pour mettre en valeur leurs territoires. Quand on vit de chasse et de cueillette, il faut d'immenses territoires pour ne pas être « surpeuplé ». À peine moins quand on pratique uniquement l'agriculture sur brûlis. La rizière, déjà, est un immense progrès, qui nourrit des milliers d'hommes sans épuiser les sols. Et quand l'économie devient axée sur les secteurs secondaire ou tertiaire, le concept même de surpopulation se volatilise. Surpeuplés Singapour, New York, le Japon ? Ceux qui dénoncent l'agriculture intensive, qu'ils qualifient de « productiviste », ont oublié qu'elle a permis de nourrir des hommes beaucoup plus nombreux sans nécessiter la consommation d'espaces immenses, donc sans avoir à saccager les forêts, et même sans épuiser les sols : les terres à maïs du Middle West ou du Sud-Ouest français se portent très bien, malgré leurs onze tonnes de maïs à l'hectare (vingt quand elles sont irriguées), des plantes en croissance si rapide que les maïsiculteurs affirment qu'en été, ils entendent leur maïs pousser. Ce qui explique d'ailleurs pourquoi il faut irriguer en plein soleil et non la nuit : le maïs est une usine à fabriquer de la biomasse et de l'oxygène à partir du soleil, la vigueur de sa croissance végétale fait qu'aucune autre plante ne capte autant de CO2. Ses champs servent de refuge à des millions d'animaux, insectes, oiseaux, rongeurs, batraciens, sangliers, lièvres, chevreuils… Il fournit aussi bien de la nourriture, pour les hommes et pour les bêtes, que de la chimie verte et de l'énergie renouvelable. On ne peut pas dire que les produits biosourcés sont l'avenir de l'humanité parce qu'ils remplacent avantageusement les carburants fossiles et les sacs plastiques, et détester le maïs, la pomme de terre, la betterave ou la canne à sucre !

Évidemment chaque catastrophe, qu'il s'agisse des méga incendies en Californie ou au Portugal, ou des inondations en Asie, est désormais attribuée aux conséquences du changement climatique. Le climat « se dérègle » nous dit-on. La collapsologie des prophètes de la fin du monde, rien de plus payant : on les invite et les réinvite dans les médias, où ils nous prédisent des drames toujours plus terribles, l'air profondément affligé. Notre insouciance semble les atterrer. Eux savent que l'heure est grave. Il nous faut nous amender et changer de mode de vie avant que « la planète » se venge de notre impéritie. Ne plus prendre l'avion, ne plus consommer autant, et même ne plus faire d'enfants. Nous. Pas eux.

Curieusement en effet, tous ces oiseaux de malheur ne se sentent pas personnellement concernés par les diktats qu'ils sont prêts à infliger aux autres au nom de l'intérêt supérieur de la Planète. Le reste des mécréants, oui, cette humanité qui maltraite tant cette pauvre terre qu'elle va forcément le lui faire payer. Eux prennent considérablement l'avion, affrétant même leurs propres aéronefs (tout en voulant imposer le covoiturage aux automobilistes) ; eux vivent dans de très belles maisons, leurs fondations sont abritées dans des lieux toujours paradisiaques, que l'État leur a souvent gratuitement concédés. Quand le ministre de l'Écologie français démissionne brutalement du gouvernement durant l'été 2018, en reprochant au président qui l'a nommé de ne pas en faire suffisamment pour l'écologie – il lui avait pourtant donné une position plus que décisive au gouvernement –, il prend d'abord trois mois de vacances. Pas juste enfermé chez lui à méditer sur les malheurs du monde, bien évidemment. Non il lui faut se « ressourcer » le plus loin possible, avec sa famille nombreuse. Puis il revient gravement annoncer la fin du monde dans une grande émission de télévision. Avant de revenir à la tête d'une fondation abondée largement par cet État qu'il conspue, quitte à en virer sans ménagement la journaliste qu'il avait placée à sa tête pendant son absence.

Les écologistes purs et durs sont rarement des humanistes. Quand un grand photographe issu d'une riche famille, passé maître dans l'art de photographier de très haut les maux de l'humanité, déclare qu'il faudrait interdire l'avion à tous ces gens qui se permettent de partir à l'autre bout du monde, il revient tout juste de Polynésie. Mais bien sûr, c'est pour la bonne cause. Capable du meilleur, comme cette magnifique saga, *Human*, dédiée à l'humanité, il se montre soudain agressif et hermétique face aux arguments scientifiques qui déconstruisent son idéologie de planète menacée.

Tous les prophètes sont de la même eau. Beaucoup vilipendent les pauvres qui font trop d'enfants, mais ont eux-mêmes engendré tant et plus, souvent en plusieurs portées, au rythme de leurs épouses successives, toujours plus jeunes au fur et à mesure qu'eux-mêmes se gâtent et s'enrichissent. Ils aimeraient que l'État interdise aux pauvres de rouler en voiture, mais ils sautent dans un avion ou un hélico dès que l'envie leur prend d'aller « sauver la planète » à l'autre bout du monde. Exactement ce type d'hypocrisies qui a fait sortir les gilets jaunes dans la rue. Eux pour lesquels la voiture, honnie par les riches qui peuvent se loger dans les centres-villes, se déplacer en trottinettes et en taxis, et prendre l'avion quand ils en ont envie, est la condition de leur survie économique, dans des lieux périphériques où, sans bagnole, c'est la mort sociale assurée.

Autour de moi, je ne vois qu'hypocrites et contempteurs de ceux qui n'ont pas les moyens de vivre comme eux. Je ne vois que mépris pour les pauvres. Un entre-soi de privilégiés hors-sol, prompts à décréter que l'urgence climatique justifie les mesures les plus autoritaires. Et qui disqualifient toute opinion contraire au nom d'une légitimité écologique dont ils se sont auto-investis. Vous les contredisez ? Vous essayez d'employer des arguments scientifiques, et non purement idéologiques ? Vous voilà qualifié d'infâme suppôt des lobbies et des multinationales – mais les mêmes financent leur train de vie dans de vastes opérations de greenwashing avec ces multinationales : il est facile de recevoir les labels de leurs grandes ONG à condition de pouvoir acquitter un ticket d'accès de plusieurs millions d'euros. Les indulgences écologiques, comme celles de l'Église autrefois, ont un prix qui se négocie âprement. Beaucoup d'entre eux, d'ailleurs, se reconvertissent dans des cabinets de conseil, qui vendent chèrement à leurs clients les méthodes de greenwashing destinées, en amadouant les ONG, à éviter les campagnes de dénonciation, à rentabiliser les dispositions environnementales, voire à les contourner.

Ceux qui mettent en doute leurs postulats sont disqualifiés avant même d'avoir pu exposer les fondements de leur scepticisme. Immédiatement traités de climatosceptiques, et excommuniés, et vilipendés. Rien ne résiste au rouleau compresseur de la grande dramaturgie climatique, que beaucoup récitent avec un panurgisme effrayant, dans une grande surenchère de bien-pensance verte. L'écologie radicale a droit de cité. Elle hait l'humanité, la modernité, déteste le mot même de progrès, cultive l'obscurantisme et la nostalgie d'un passé idéalisé. Même le paléolithique devient un âge d'or ! Rien ne sert de lui rappeler les faits, les misères de l'humanité, les menaces des grandes endémies lorsque la surveillance se relâche, le monde d'hier, où la peur, les bêtes et le froid accompagnaient la tombée de la nuit. Dans le monde des croyances, la vérité n'a plus de place, surtout lorsque les croyances deviennent des peurs qui se révèlent utiles. Les prophéties apocalyptiques et le cortège des conséquences qu'elles entraînent se révèlent une merveilleuse opportunité pour un grand nombre de profiteurs du climat. L'ignorant affirme, le savant doute, le sage réfléchit, écrivait Pascal. Réfléchir est devenu suspect face à la prétendue « urgence climatique ».

Lorsqu'en 2015, la COP 21 aboutit à un accord mondial de réduction des gaz à effet de serre, le gouvernement français exulte donc. Déçue de ne plus être une grande puissance, la France, comme une partie de l'Europe, cherche dans le climat et les bons sentiments l'influence qu'elle ne peut plus imposer par la force, ni obtenir par son pouvoir. Emmanuel Macron a consacré la première année de son quinquennat à mettre en application au niveau mondial un programme fondé sur l'écologie et les bons sentiments – « nous, nous avons une conscience planétaire qui nous incite à donner l'exemple » – jusqu'à ce que la révolte des gilets jaunes à la fin de l'année 2018 le renvoie brutalement au principe de réalité : ce qui est prétendument bon pour la planète ne doit pas être mauvais pour les pauvres. Si l'attelage ne va pas dans le même sens, c'est le chaos assuré. On l'a vu dans les grandes villes françaises, mises à sac par la révolte protéiforme des humiliés et des exclus. Mettre son peuple en colère n'est jamais une bonne recette pour durer, le jeune président de la France, jugé si séduisant au début de son mandat, en a douloureusement fait l'expérience. Tout comme ses députés, malmenés dans les médias et prenant conscience des limites d'une élection éclair, à la faveur d'un véritable kidnapping électoral dû à une exceptionnelle conjonction de planètes (décision du président sortant, François Hollande, de ne pas se représenter et discrédit jeté sur le candidat conservateur qui aurait pu le remplacer, François Fillon… les Français adorent l'alternance). La jeune classe politique, qui devait incarner le renouveau, a montré alors qu'elle manquait cruellement d'expérience pour affronter cette colère, le non cumul des mandats l'ayant privés en outre de l'expérience de terrain de la vieille école politique française, pétrie de maires et autres conseillers généraux, au contact avec les difficultés quotidiennes des populations.

Face à l'insurrection du peuple français, et aux méthodes brutales employées finalement par les forces de l'ordre pour la mater (arrestations préventives, festival de bombes lacrymogènes, flashballs, matraques, grenades de désencerclement, lanceurs de balles de défense, voitures blindées, rues barrées et autres joyeusetés telles la mobilisation de l'armée, initialement reprise pour lutter contre le terrorisme, montrant l'amour d'un État pour sa populace), tous ceux à qui le jeune président brillant avait prétendu donner des leçons de démocratie et d'écologie, ne se sont pas privés de ricaner : voilà l'autocrate Erdogan, l'inconscient Trump, l'envahisseur Poutine autorisés à donner à la France dite des Lumières des leçons de bonne gouvernance !

Cessons de brandir la taxe carbone comme l'ail face au vampire. Le carbone n'est pas l'ennemi, pas le « pollueur », mais la vie. Nous sommes tous composés d'atomes de carbone. Tous les organismes vivants. Pourquoi avons-nous décidé soudain d'en faire l'ennemi à abattre, quand il permet aux plantes de pousser, à la vie sur terre de prospérer ? Mener la guerre au carbone, c'est oublier que nous lui devons tout.

La réduction des gaz à effet de serre, dite aussi mitigation ? Oui bien sûr, parce qu'elle entraîne du progrès technique, une gestion plus intelligente des ressources, un aménagement mieux pensé des territoires... mais mollo : imposer sacrifices et pénuries à toute une partie de l'humanité, qui sort à peine de la survie, c'est indécent. Si les solutions sont meilleures et moins chères, on les adoptera spontanément. Sinon, elles ne peuvent susciter que rejet et colère. On ne se déplace plus à cheval dans les pays riches (mais toujours en charrette dans bien des pays pauvres), pas parce que les chevaux ont été interdits, mais parce qu'à un moment donné, il est apparu débile de continuer à circuler à dos de canasson, (sauf pour son plaisir, et tant que les antispécistes l'autorisent encore). Aussi longtemps que les vendeurs de voitures électriques nous prendront pour des billes, avec le coût éhonté de leurs véhicules, leur autonomie misérable, tellement inférieure aux chiffres annoncés – et si vous devez grimper une montagne, attendez-vous à pousser car les batteries, pour l'instant, se déchargent à toute vitesse –, le moteur thermique continuera de régner, même diesel, cette énergie conspuée après avoir été louée, tandis que l'éthanol, énergie de nouveau louée après avoir été conspuée, la remplace désormais dans les incitations de la fiscalité publique. Cette versatilité a quelque chose d'horripilant lorsqu'on sait que l'achat d'une voiture est un choix qui engage la plupart des familles pour près de dix ans et nécessite des emprunts coûteux, à la fois pour acquérir le véhicule et pour assurer des frais d'entretien et de fonctionnement importants.

À quoi sert d'obliger les gens à changer de véhicule par des méthodes coercitives, fondées sur l'interdiction prochaine de pénétrer dans les villes avec leurs véhicules devenus indésirables et sur une taxation prétendument à visée écologique de plus en plus lourde, quand la somme des efforts consentis aboutira au mieux à réduire de 20 % nos émissions de CO2 ? Alors que la France ne représente déjà que 1 % des émissions mondiales de gaz à effet de serre ? Nous allons passer de 1 % à 0,8 %. Et le climat va changer grâce à cette débauche inouïe de contraintes et de sacrifices ? Mais de qui se moque-t-on !

À quoi sert d'interdire les véhicules au diesel quand cela aboutit juste à déplacer dans les pays voisins les émissions jugées indésirables ? L'Allemagne se détourne du diesel ? La Pologne rachète à tour de bras les véhicules remisés ! Elle continue d'ailleurs à faire tourner ses centrales au charbon, une énergie quasi inépuisable et bon marché, qu'en Australie, aux États-Unis, en Chine, grands détenteurs de réserves gigantesques, on cherche à transformer pour la rendre propre, en captant ses émissions de CO2 pour les liquéfier et les transformer à leur tour en énergie.

À quoi sert de maltraiter les gens quand le CO2 déjà présent dans l'atmosphère va de toute façon y rester un siècle ? Ne vaudrait-il pas mieux mettre le paquet sur les politiques d'adaptation, qui ne reçoivent pour l'instant que le quart des financements, alors qu'elles sont vitales pour la vie de millions de gens au quotidien ? Pourquoi sacrifier au nom de maux futurs le présent de personnes qui souffrent déjà aujourd'hui de bien des difficultés ?

Curieusement, il n'y a jamais eu plus de publicités pour les voitures à la télé. Tous les constructeurs rivalisent d'ingéniosité pour nous pousser à changer de modèles et l'obsolescence programmée se déploie de toute son obscénité. Si les industriels proposent demain des véhicules plus efficaces et moins coûteux aux classes moyennes, celles-ci les adopteront d'elles-mêmes, sans qu'on ait besoin de les y forcer, méthode impopulaire et peu démocratique ! Si demain le monde entier passe à une nouvelle source d'énergie, l'hydrogène par exemple (les Émirats du Golfe sont en train de le tester), parce que c'est devenu plus pratique, plus accessible, plus sûr, plus efficace, et surtout moins coûteux, l'énergie sera inépuisable et propre. Pourquoi pourrir aujourd'hui la vie des propriétaires de véhicules diesel ? Les nouvelles classes moyennes passeront directement à la mobilité à l'hydrogène, dans des véhicules autonomes, partagés et propres. Comme elles sont passées directement en Afrique au téléphone portable sans passer par le téléphone fixe. Il n'y aura plus que quelques réfractaires, qui feront tourner en Occident quelques vieux moulins de collection, comme aujourd'hui certains s'amusent à exhiber les machins bruyants et gourmands des années soixante. Est-ce qu'on se souvient que la Belgique, au moment du début de la crise de l'énergie, quand les pays arabes avaient décidé de quadrupler le prix du pétrole, en représailles contre le soutien apporté par l'Occident à Israël dans la guerre du Kippour, avait carrément décidé d'interdire à sa population de rouler le dimanche ? C'est à ce moment-là que la France a mis en service son programme nucléaire, parce qu'on n'avait pas de pétrole mais des idées, ce qui nous a permis de produire l'une des électricités les plus « propres » du monde, du moins si l'on ne retient que le critère des émissions de CO2. Et promouvoir la voiture électrique, c'est promouvoir le nucléaire. Il faut tenir un discours cohérent : si les Français écoutent leur gouvernement et choisissent de passer massivement à la voiture électrique, comme il les y incite par diverses primes, il faut équiper tout le territoire français de bornes de recharge rapides et puissantes. Qui produira toute l'électricité nécessaire ? Ces 58 réacteurs nucléaires français que les écologistes conspuent ? La technologie du solaire dominée, comme les batteries de ces voitures électriques, par la Chine ? Quel pays peut sereinement s'engager sur des choix industriels qui remettent à terme en cause sa souveraineté ?

L'équation appliquée comme un catéchisme par la communauté internationale, qui consiste à croire que rester en dessous de 450 ppm de CO2 dans l'atmosphère avant 2030 signifie limiter le réchauffement climatique à 1,5 degré, ressemble à la danse de la pluie des peuples dits premiers, certes revenus en grâce à la faveur du nouveau mantra écologique. Et comme c'est impossible dans le temps imparti – même si ça va se faire, forcément, parce que la technologie évolue et que le moteur thermique n'aura qu'un temps, comme les déplacements à cheval puis la machine à vapeur après eux –, on nous assène en permanence les prophéties les plus atroces, les plus démobilisatrices, que les faits démentent tout aussi régulièrement.

Tout comme il y a trente ans, on nous annonçait l'épuisement inéluctable des réserves de pétrole et de gaz, alors que le monde n'en a jamais eu autant, qu'on ne cesse de découvrir de nouveaux gisements, ce qui n'empêche d'ailleurs nullement les prix de rester élevés pour le consommateur du quotidien, parce qu'un grand nombre d'États fondent toujours leur train de vie dispendieux sur le prix du baril et que la fiscalité grève une économie qui n'a pas encore trouvé mieux. Dans l'affrontement entre les tenants des carburants fossiles et ceux de l'énergie renouvelable, il y a bien plus qu'un enjeu pour la planète, même si c'est ainsi qu'on nous le présente : il y a le choix des technologies et des dominations de demain. Trump, Poutine, Xi Jinping, les trois maîtres du monde d'aujourd'hui, n'ont cure de l'écologie. Pour Poutine, le changement climatique est même une aubaine, qui lui ouvre l'accès aux ressources du pôle Nord et de nouvelles routes maritimes, libère des millions d'hectares de terres cultivables dans la toundra, desserre la contrainte du froid, qui gèle ses ports une partie de l'année, valorisant de nouvelles fenêtres maritimes septentrionales, dans la Baltique, en mer de Barents, de Kara, de Laptev, de Sibérie orientale, d'Okhotsk. Pourquoi vouloir le combattre ?

Ce qui intéresse les aspirants à la domination du monde, c'est ce qui va leur permettre d'établir – ou de maintenir – leur puissance internationale, la paix sociale chez eux. Et dans ce jeu de quilles, l'Europe joue les idiotes utiles.

La question de l'énergie, ou l'écologie par les nuls

L'énergie, c'est le développement. Sans énergie, l'être humain en est réduit à compter sur ses pauvres bras ou sur la traction animale – qui devrait désormais être bannie, comme l'équitation, les animaux dans les zoos et dans les cirques, puisque les animaux ont désormais des droits comme les hommes, clament aujourd'hui les antispécistes, faisant bien peu de cas de l'amour des cavaliers pour leurs chevaux, du rôle essentiel que jouent aujourd'hui les nouveaux zoos dans la conservation, et même du soin et du respect qu'un grand nombre de circassiens accordent à leurs animaux, choyés parce que précieux et aimés.

Sans énergie, les êtres humains sont condamnés. À l'obscurité. Et comment faire son travail quand on est écolier, dans une case sombre parce que la nuit tombe à 18 heures sous les Tropiques ? Et puis, rien de plus polluant que le feu de bois, beaucoup des gamins africains qui suffoquent de maladies respiratoires dans des cases enfumées ne sont plus là pour en attester. Pas plus que les femmes qui meurent asphyxiées pour avoir été enfermées dans des lieux de relégation sous prétexte qu'elles avaient leurs règles, car c'est aussi ça la prétendue sagesse des peuples autochtones.

Sans énergie, les pauvres sont aussi condamnés à l'immobilité, sauf à avoir la force de pédaler et de trottiner. Même les nouveaux citadins adorateurs de bicyclette installent des moteurs électriques sur leurs engins alternatifs à la désormais honnie bagnole. « Rouler à vélo ? Mais c'est pour les gosses ou pour les pauvres ! » dit-on au Vietnam, où le premier signe d'enrichissement est l'achat d'une moto. Parce que quand le vélo est non un choix, mais une contrainte, faute d'autre moyen, il devient vite insupportable – essayez de transporter des sacs de maïs ou de riz à vélo, d'amener rapidement une parturiente en souffrance à la maternité, de gravir une côte à vélo, quand en plus vous souffrez d'une santé précaire et qu'il fait 40 degrés, votre amour du vélo sera soudain beaucoup moins brûlant. Sans parler des multiples accidents car, comme le dit le slogan visant à vous inciter à porter un casque, « à vélo, votre carrosserie, c'est vous ». Ma mère en est morte à soixante ans.

Quand les pauvres s'enrichissent, ils peuvent enfin en finir avec le danger, l'épuisement, la pénibilité. Prendre des vacances, se déplacer en voiture ou à moto, vivre dans une maison chauffée ou climatisée, disposer d'une eau potable au robinet. Quelle révolution dans leur vie ! Laver la lessive dans une machine, tourner un interrupteur pour s'éclairer, ne pas héberger des punaises mortelles dans les murs de son foyer – la redoutable maladie de Chagas continue de faire des ravages en Amérique latine – personne n'a le droit de le dénier ce progrès à quiconque. Bien sûr, la consommation à outrance est une aberration, mais tous ceux qui plaident pour la sobriété volontaire ne peuvent le faire que parce qu'ils ont depuis longtemps dépassé le stade où elle n'était qu'une obligation quotidienne et contrainte, oubliant ce que signifiaient la pauvreté, le dénuement, le manque cruel de l'essentiel, pour soi et pour les siens.

C'est pareil pour la voiture. Si en France les gamins des classes moyennes de province passent leur permis de conduire dès qu'ils le peuvent, commençant à seize ans par la conduite accompagnée, c'est parce qu'ils savent que sans voiture, leur horizon restera borné. La comparaison avec les élites urbaines est éloquente : beaucoup de jeunes Parisiens ne s'ennuient pas à se coltiner cet examen, qu'ils jugent inutile, voire ringard, un signe qu'on appartient toujours à l'ancien temps, ou au monde des prolos. Eux, ils ont leur vélo, leur trottinette, le métro, papa maman pour les convoyer à leurs multiples activités, voire le chauffeur de la famille. Et ils prennent l'avion pour leurs vacances, se faisant amener à Roissy en taxi. Alors, posséder une voiture, quel ennui ! L'indice manifeste qu'on reste un gros plouc (chargé néanmoins de covoiturer tout le monde dès que le Parisien sort de Paris pour s'aventurer en province).

Qu'il faille opter pour des choix respectueux de l'environnement est une évidence. Que la précipitation, l'opportunisme, l'inculture écologique et les lobbies nous conduisent tout droit dans des impasses technologiques et sociétales, qui non seulement nous rendent la vie impossible, mais nous coûtent en plus un « pognon de dingues », selon l'expression désormais consacrée, une aberration.

Hélas, cette aberration, nous la vivons au quotidien. Les gilets jaunes, quand ils démarrent leur mouvement, ne sont pas des ploucs vindicatifs, comme on a trop souvent aimé les caricaturer, ce sont des personnes de bon sens, qui ne comprennent pas pourquoi leur vie devient de plus en plus difficile et qui vivent au quotidien les conséquences néfastes des choix qui leur sont imposés.

Elles ont absolument besoin de leur voiture parce qu'habiter en banlieue, à la campagne ou dans une petite ville et ne pas avoir de voiture, ce n'est pas vivable. Pas de boulot, pas de loisir, pas de possibilité d'aller s'approvisionner. Souvent, les foyers en ont même deux. Car quand le père part travailler, il faut aussi amener les gamins à l'école ou à toutes les activités du mercredi. Les mères de famille sont des conductrices sans répit. C'est une contrainte dont le coût ne cesse de s'alourdir : prix du carburant, prix des contrôles techniques (tous les deux ans quand la voiture a plus de quatre ans !), prix des réparations... Parce que leurs voitures, généralement, sont anciennes. Et en plus, on les montre du doigt comme des malfaisants. Ils auraient pu quand même s'offrir au cœur de ville un logement à énergie positive, enfin ! Ou bien une voiture électrique !

Chère certes, et à l'autonomie dérisoire en dépit des déclarations des fabricants. Mais prétendument écologique… ce qui reste à démontrer, car la fabrication d'une voiture électrique n'a rien d'écologique et le recyclage de sa batterie représente aujourd'hui un véritable casse-tête. Pourtant, de nombreuses villes européennes ont interdit l'accès à leur centre aux vieilles voitures, ou bien le conditionnent au paiement d'un péage qui finit par devenir dissuasif.

Il y a une énergie renouvelable qui n'a pas encore été suffisamment valorisée – gageons qu'elle va bientôt sortir du chapeau au train où vont les choses –, c'est la girouette. Elle existe pourtant : on demande déjà aux voyageurs de pédaler dans les gares et les aéroports pour recycler leur portable. Parce que les anciens faisaient tourner de jolis moulins, on a essayé de nous faire croire que les éoliennes pouvaient représenter une énergie de l'avenir, ce qui conduit à installer des monstres de béton dont le rendement énergétique est dérisoire, les vibrations monstrueuses et le recyclage aléatoire, dans les plus beaux sites, comme si mille éoliennes qui saccagent les paysages, tronçonnent les oiseaux et rendent fous les riverains, valaient mieux qu'une centrale nucléaire ou même thermique. Et le président français envisage de remplacer les centrales nucléaires par des éoliennes. La belle affaire ! Les forêts d'éoliennes à perte de vue, c'est le saccage assuré des paysages par l'installation de milliers de pylônes et de pales gigantesques, plantés sur d'énormes blockhaus. Des monstres non seulement bruyants, dangereux pour les oiseaux, les chauves-souris et tous les animaux volants, qui doivent être protégés pourtant, nous dit-on, mais aussi d'un rendement si faible par rapport à la puissance installée, que le bilan carbone de l'opération devient dramatique. Sans compter les coûts effroyables de recyclage des machines lorsqu'elles cessent d'être « performantes », un bien grand mot pour cette aberration technique qu'est l'éolienne, plantée sur sa grosse plate-forme en béton au milieu des champs, qui demande de coûteux moteurs pour pouvoir fonctionner, s'arrête quand il n'y a pas de vent, mais aussi quand il y en a trop, exigeant le recours à d'autres sources d'énergie complémentaires. « Vents de colère », c'est le nom d'un mouvement anti-éolien, on ne pouvait pas mieux le trouver. Il existe plus de mille associations qui les combattent en France. Vaut-il mieux une seule centrale ou mille éoliennes ? Je vous laisse le choix, moi dont la famille vit dans la zone la plus nucléarisée du monde, la Drôme entre Cruas et Tricastin. Et s'en porte très bien. Pas beaucoup d'associations anti-nucléaires ici. Et celle qui a pignon sur rue, la CRIIRAD (Commission de recherche et d'information indépendantes sur la radioactivité), née en 1986, au lendemain de la catastrophe de Tchernobyl, et basée à Valence, fait office de sentinelle utile pour obliger le secteur à plus de transparence. Mais elle ne va pas s'enchaîner aux tours de refroidissement, comme ces militants verts qui ont cessé de défendre les baleines pour se ruer sur le nucléaire, les produits de traitement des plantes et le génie génétique depuis que leur fonds de commerce initial a été préempté avec beaucoup plus d'efficacité par un vieux loup de mer passé maître dans l'art des coups de pub.

Si les girouettes pouvaient être actionnées par les revirements publics, les combats opportunistes des ONG et les modes successives en matière d'énergie, nous aurions de l'énergie à profusion. Le vent des priorités écologiques successives et contradictoires souffle non comme un doux alizé, mais comme un cyclone. Plaider pour le gazole avant de le renier, mettre en place une filière de biocarburants, puis renier l'éthanol et le biodiesel, avant de vanter à nouveau le premier (en attendant le retour en grâce du second, d'autant que les incitations fiscales à acquérir une voiture diesel sont très loin d'avoir disparu), la girouette régit aujourd'hui la question écologique. Les chaudières au fuel ont été largement subventionnées avant d'être conspuées – trop tard pour les malheureux qui viennent de remplacer leur vieille machine, efficace énergétiquement mais vue désormais comme polluante, pour une nouvelle chaudière très « performante », dont le coût ne sera pas amorti avant dix bonnes années, malgré la subvention, dont la prise en compte par les fabricants a permis de renchérir d'autant les prix de vente et d'installation. La chaudière vient d'être évincée par le nouvel engouement du moment : la fameuse pompe à chaleur. Un autre superbe choix technologique : pognon de dingue, entretien ruineux, obsolescence accélérée – celles datant d'il y a dix ans peuvent être jetées à la poubelle : le gaz qui les fait tourner n'est plus autorisé. Et puis elles produisent un souffle constant qui perturbe la vie quotidienne, la concentration, le travail. Ah oui, n'oublions pas non plus que la pompe à chaleur ne fonctionne pas quand il fait trop froid… ce qui d'ailleurs ne devrait pas poser de problème puisqu'on nous promet la fin du monde avec le réchauffement climatique.

Dans les nouveaux engouements, le coût, l'inconfort, comme le temps perdu et le retour à la pénibilité, ne sont plus considérés comme des variables susceptibles d'être prises en compte. Nous avons banni nos ampoules à incandescence, qui certes chauffaient plus qu'elles n'éclairaient et consommaient beaucoup, pour des LED hors de prix, peu durables dès que le courant varie, vous bousillent les yeux et émettent un champ électromagnétique. Mais attention, elles sont meilleures pour la planète. Et la fortune des opticiens. Cela mérite bien une génération sacrifiée. Voilà où nous en sommes, dans tous les domaines. L'écologie par les nuls. La voiture électrique suppose des batteries au lithium, qui mobilisent des techniques et des composants rares, non recyclables, et stratégiquement problématiques. Elle soulève la question essentielle de l'origine de notre électricité (nucléaire ? issue du charbon ?) et de celle des terres rares, qu'il faut se procurer, avec des dégâts environnementaux considérables, dans des pays où règne tout sauf la démocratie.

Mais l'Europe a décidé de donner l'exemple ! Puisque nous n'avons pas de pétrole, ayons des idées : soyons les thuriféraires du renouvelable dans le monde entier, prenons des engagements tellement ambitieux en matière de réduction des gaz à effet de serre qu'ils aboutissent technologiquement à nous tirer tout de suite une balle dans le pied. Moins de 90 grammes de CO2 par km parcouru, ben voyons ! On ne sait pas comment on va y arriver, mais l'Europe veut donner un signal fort au reste du monde, elle dont les 500 millions de consommateurs, les plus riches du monde, émettent pourtant un peu moins de 10 % des gaz à effet de serre planétaires. Nous allons nous serrer la ceinture et imposer de telles contraintes à nos producteurs qu'ils vont perdre leurs marchés mondiaux au profit d'une concurrence qui n'aura pas à respecter de telles normes. La planète s'en portera-t-elle mieux ? Pas vraiment. Nos économies, elles, vont souffrir à coup sûr. Nos emplois industriels aussi. Et notre souveraineté encore plus.

Les conséquences géopolitiques de nos choix mettent l'Europe dans la main des puissances impérialistes en train de se reconstituer sur la planète, là où elle devrait au contraire miser sur son indépendance énergétique. Les batteries au lithium des voitures électriques, en plus d'être effroyablement polluantes, nous rendent dépendants de la Chine. Les métaux rares nécessaires aux voitures électriques suscitent une pollution affolante là où ils sont extraits et des guerres dans les pays pauvres, comme la RDC. Fermer les centrales nucléaires pour passer au gaz nous rend cette fois dépendants de la Russie. C'est le problème de l'Allemagne, qui a cru bon de fermer ses centrales pour rouvrir des centrales thermiques au charbon et au lignite, les pires énergies en termes de bilan carbone. Et dépend aujourd'hui tant du gaz russe que contrarier Poutine devient impensable.

Et si le gaz ne vient pas de Russie, il vient des États-Unis. Quand Trump s'énerve à l'été 2018 de payer tant pour la défense de l'Europe au nom d'une OTAN qu'il commence à juger obsolète, alors qu'il veut mieux utiliser l'argent américain, c'est aussi parce qu'il trouve inadmissible de financer notre défense, alors que nous employons notre argent à acheter du gaz russe, quand les États-Unis, devenus les premiers producteurs d'hydrocarbures au monde, ont des tonnes et des tonnes de pétrole et de gaz de schiste à vendre. Certains pays européens acceptent déjà les terminaux de liquéfaction de ce gaz sur leur sol, comme le fait la Pologne, qui a appris à craindre la Russie. Mais alors pourquoi refuser d'exploiter pétroles et gaz de schiste sur notre territoire au nom de la Planète, si c'est pour accepter ceux des autres ? Quelle hypocrisie que de déplacer les nuisances chez le voisin et de se voiler la face…

Les Verts en Allemagne sont si puissants qu'ils ont réussi à convaincre la population du pays de la nécessité d'une interdiction progressive des moteurs diesel. Malgré les filtres catalytiques dont sont équipées les voitures allemandes, qui permettent déjà de réduire considérablement les émissions. Culpabilisés d'abîmer la planète, les gens ramènent leur voiture au garage. Que leur propose-t-on en retour s'ils n'ont pas les moyens d'acheter une belle voiture électrique à 50 000 boules ? De reprendre une autre voiture diesel, mais plus petite !

De qui se moque-t-on ? Quant à la voiture délaissée, elle file donc illico en Pologne, qui se crée ainsi un parc de belles allemandes que leurs propriétaires ont abandonnées. Un pays qui continue de se chauffer massivement au charbon parce qu'il n'a de toute façon pas le choix. Sauf que le charbon, quasi inépuisable, pourrait aussi devenir une énergie propre, si les États-Unis partageaient avec la Pologne et tous les autres pays utilisateurs de cette noire énergie les moyens de mettre en œuvre des mines plus durables et des modes de combustion propres et recyclés. Ce qu'ont appris à mettre en place les exploitants des carrières par exemple (et mieux vaut une carrière bien gérée que la mise à sac sauvage des plages du monde entier pour en voler le sable).

On nous annonce la catastrophe à cause des énergies fossiles. « Si tous les Chinois roulent en voiture, c'est la mort de la Planète. » Sauf que les voitures de demain n'auront rien à voir avec celles d'aujourd'hui. Que la mobilité ne cesse d'évoluer. Au début du XXe siècle, on nous prédisait que le nombre croissant des calèches allait tuer Paris : la capitale étouffait sous le poids des attelages, des chevaux, des tonnes de paille, d'avoine, d'eau, de crottins. Le bruit des roues sur les pavés était infernal. Les accidents si nombreux que, nous rappelle l'historien Daniel Roche, Montmartre était appelé « le carrefour des écrasés ». Aujourd'hui, les chevaux sont interdits dans Paris et il ne subsiste de leur omniprésence que nos portes cochères – la plupart ont même conservé leurs deux chasse-moyeux, destinés à éviter que la roue de l'attelage n'accroche l'embrasure. Maintenant, c'est contre les voitures qu'on mène la guerre, édifiant des péages urbains gérés électroniquement (ah, le coût de l'électronique… curieusement, celui-ci est beaucoup mieux toléré, alors qu'elle nous rend totalement dépendants de la première panne de courant et vulnérables aux orages magnétiques), réduisant de plus en plus les voies de circulation, rendant prohibitifs les parkings… ce qui aboutit de fait à réserver la ville aux nantis, ceux qui ont les moyens de vivre en son centre, de circuler avec des moyens élitistes (taxis, chauffeurs privés, voire hélico à Sao Paulo), ou de pédaler gaillardement sur leurs vélos (certes de plus en plus électriques eux aussi), parce qu'ils sont en forme, qu'ils n'ont ni à faire les courses, ni à transporter d'enfants. Quant aux autres, les pauvres, les périphériques, les personnes âgées, handicapées ou malades, les voici condamnés à s'entasser dans des transports en commun qui fonctionnent mal, sont incommodes, parfois dangereux et prennent un temps fou. Combien de personnes handicapées privées de métros et de bus faute d'installations adaptées ? Mais une fois de plus, le temps perdu par les pauvres, les différents, ne compte pas, la pénibilité non plus. Quant au danger, tous ceux qui n'ont pas à prendre le RER le soir pour rentrer chez eux s'en fichent. Comment s'étonner ensuite de la colère des exclus ? À qui on dit que leur voiture n'a plus le droit d'entrer en ville ?

« C'est le prix à payer pour la transition écologique ! Un avenir radieux nous attend. Il suppose d'accepter un inconfort passager. » Qui peut croire pareilles balivernes, sinon ceux qui n'ont pas à en supporter les conséquences ? Bien sûr, le monde n'a pas cessé d'évoluer. Au XVIIe, Colbert plantait des forêts en France afin de disposer de mâts pour la marine marchande ; au XIXe, le train faisait son entrée dans les provinces, fer et charbon portaient la révolution industrielle. La découverte du pouvoir énergétique d'un liquide noir et gluant, apparu en Pennsylvanie au milieu du XIXe, a permis de sauver les baleines (des Açores à Hawaï, l'économie baleinière faisait alors tourner le monde), et fondé la seconde révolution industrielle. Toute la modernité du monde et l'émergence des pauvres ont reposé et reposent toujours sur les énergies fossiles – pétrole, gaz, charbon. Demain sera autre, forcément. Le jour où nous maîtriserons vraiment l'énergie que le soleil envoie à la terre, ou l'hydrogène que contient notre atmosphère, le jour où l'accès à l'énergie pourra se faire de manière individuelle, sans nécessité d'énormes installations, centrales, oléoducs, pylônes, tout le monde pourra avoir accès à une énergie illimitée, peu coûteuse, et sans conséquence environnementale. La mobilité, le chauffage, la climatisation, le confort seront à la portée de tous. Ce jour-là, nous l'attendons tous. Mais pourquoi en attendant, prétendre interdire aux pauvres, aux invisibles, aux déclassés, d'avoir accès aux privilèges que les nantis s'octroient largement, comme si ces privilèges devaient rester au nom de la planète l'apanage d'une minorité ?

Je ne supporte plus les discours méprisants et accusateurs de tous les seigneurs de l'écologie, qui ne s'interdisent rien pour eux-mêmes, ni avions, ni voyages à l'autre bout du monde, ni confort maximal, mais invoquent la planète pour tenir les pauvres à distance et prétextent la fin du monde pour se réserver les acquis de la modernité.

La vraie écologie doit être de pouvoir mettre à la portée de tous un progrès durable et respectueux autant de la planète que de l'humanité. Personne n'a interdit soudain aux pauvres de circuler en charrette ou de monter à cheval. La voiture a remplacé le cheval petit à petit parce qu'elle était moins coûteuse, plus pratique, moins dangereuse et aléatoire. On a posé un moteur à la place des chevaux et inventé le code de la route pour permettre aux automobilistes de circuler sur l'espace public en assurant leur sécurité et celle des autres usagers, piétons, bicyclettes… et, au début, des attelages à cheval toujours. Aujourd'hui, la voiture règne parce qu'elle est l'instrument indispensable de notre liberté et de notre mobilité. Mais demain, elle apparaîtra certainement aussi dangereuse, archaïque et polluante que les innombrables charrettes, attelages et autres carrioles qui encombraient Paris au début du XXe siècle. Les gens seront passés à autre chose parce qu'ils y auront eu intérêt, que cela leur facilitait la vie et leur coûtait moins cher. Notre devoir, c'est d'inventer des solutions qui nous permettent tous ensemble de vivre mieux en améliorant notre cadre de vie. Croire que les pauvres sont insensibles à la beauté, qu'ils sont trop dans la mouise pour qu'en plus on leur permette d'accéder au confort et à la facilité de déplacement, c'est une attitude insupportablement élitiste et arrogante.

À moins que la véritable raison de ce comportement soit de se réserver des marchés d'une part, des jardins d'autre part.

Le marché des technologies vertes, qui fait vivre tant d'entreprises et suscite les guerres économiques les plus âpres – et qui explique que si le sort de la planète est invoqué, c'est souvent pour nous culpabiliser et nous inciter à faire tourner la grande machine du capitalisme, qui repose sur la destruction créatrice.

Les jardins des nantis, qui ne veulent surtout pas voir arriver les pauvres dans les espaces privilégiés de nature et de beauté qu'ils se réservent à leur usage exclusif. Au XIXe, en Amérique du Nord, les premiers parcs naturels furent créés par les colonisateurs d'origine européenne en évinçant les peuples autochtones – qui géraient pourtant leurs territoires depuis des siècles – pour devenir des réserves de chasse à leur usage exclusif. Ils sont devenus ensuite les fameuses zones protégées d'aujourd'hui, au nom de la protection d'une biodiversité sélective. Aujourd'hui la superficie de ces parcs naturels ne cesse de s'étendre au nom d'une Nature forcément belle et bienveillante, reléguant dans les périphéries ces pauvres dont le nombre et les revendications se sont accrus, suscitant l'érection de murs toujours plus efficaces, de contrôles policiers, de péages, de lourdes sanctions pour les contrevenants, allant jusqu'à l'emprisonnement, la détention, et parfois la mort, quand des milices les exécutent.

Et la ségrégation se généralise dans les territoires urbains : aux pauvres, des espaces de relégation périphériques que sont les banlieues et des campagnes de plus en plus délaissées, des cœurs de villes et des quartiers « gentrifiés » pour les privilégiés, qui pratiquent un entre soi sourcilleux, et n'ont jamais à supporter les conséquences pratiques de ce qu'ils veulent imposer, au nom de la planète, au reste du monde, puisqu'ils vivent dans des espaces piétonniers parfaitement confortables et aménagés, où ils se déplacent avec des moyens de transport sélectionnés, pour explorer la beauté du monde dans des lieux qui leur sont réservés. Il existe ainsi un archipel mondial de destinations de charme, réservées à l'usage exclusif d'une élite, qui migre selon un itinéraire balisé (stations de ski l'hiver et îles tropicales l'été, et entre les deux, divers congrès, sommets et séminaires, où l'on se retrouve dans de grands hôtels pour traiter avec affliction de l'avenir décidément bien sombre de la planète). Aux pauvres, les lieux interstitiels, où l'on se déplace à pied, en bus, en bagnole, ce moyen de locomotion désormais vu par les élites comme l'instrument des pauvres, sauf quand il est doté des derniers attributs de la modernité, électrique, autonome, et bardé de capteurs… La généralisation de tels petits bijoux étant bien sûr totalement inenvisageable, autant sur le plan écologique que financier.

« Se réconcilier » avec la nature ? La bonne blague !

En plein cœur des Rocheuses, un puma attaque par-derrière un jogger solitaire, lui infligeant de sérieuses blessures au visage et au poignet. L'homme parvient in extremis à s'en tirer en étranglant l'animal. « Il est regrettable que les instincts de chasseur du puma aient été attisés par le coureur », déclare Ty Petersburg, responsable du Service des parcs et de la faune du Colorado. Cela s'est passé en février 2019 dans le Colorado. Trop sympa, Ty.

Trois mois plus tôt, en décembre 2018, un léopard entre dans la cuisine d'une maison où se trouve un enfant de trois ans, Wasim Akram. Il emporte le petit sous les yeux de sa mère et le tue. Un enfant de sept ans avait été tué, probablement par le même léopard, quelque temps plus tôt. En Inde du nord, ces félins font des centaines de morts chaque année. « Les hommes ont empiété sur l'habitat des animaux. Et non l'inverse », proclame Tahir Ahmad Shawl, membre du service de protection de la nature du Jammu et Cachemire, après avoir rendu le corps déchiqueté du petit Wasim à ses parents. Tu l'as dit, Tahir.

Dans de nombreux parcs canadiens et américains, les parents sont priés de surveiller leurs enfants et de ne pas les laisser s'amuser sans surveillance. Au Botswana, on vous recommande de ne pas sortir de votre tente la nuit. Il arrive fréquemment que des lions, des hyènes, des hippopotames ou des buffles (ces deux dernières espèces étant les plus dangereuses pour les paysanneries locales) vous règlent votre sort. Dans ce pays de l'ours qu'est l'Arctique (Alaska, Canada, Groenland), les maisons ne doivent jamais être fermées à clé afin que vous puissiez y trouver refuge si vous êtes poursuivi par l'un des prédateurs les plus agressifs, l'ours blanc. Mais présenter un pauvre animal apparemment perdu sur un petit morceau de banquise est devenu le symbole du monde que nous serions en train de détruire. Alors que le nombre des ours blancs, qui ne sont d'ailleurs que des ours bruns ayant dû s'adapter à un environnement devenant de plus en plus glacé, n'est nullement en diminution… Les États qui se déchirent à pleines dents le gâteau à venir de l'Arctique, routes maritimes raccourcies et ressources à profusion libérées par la fonte des glaces, sont passés maîtres dans la géopolitique de l'ours blanc : créer d'immenses zones de protection au motif de protéger l'animal, en réalité pour s'approprier le contrôle de territoires convoités. La même méthode est utilisée pour la création de gigantesques aires marines protégées. Certes le corail et la faune marine méritent d'être préservés de la pêche intensive et de la pollution… mais leur existence justifie surtout qu'on jette un filet prétendument protecteur sur les ressources prometteuses et encore mal connues de l'océan, comme les nodules polymétalliques. En enveloppant les îles tropicales d'une auréole de plus en plus étendue de protection juridique, les grandes puissances s'assurent le contrôle de routes maritimes stratégiques, de stations pour leurs sous-marins et leurs radars, d'avant-postes pour sécuriser leurs territoires. Les petits poissons ont bon dos, même s'ils bénéficient au passage de notre sollicitude intéressée.

Ne vous méprenez pas : je suis émerveillée par la beauté des atolls coralliens et leur infinie biodiversité, peux passer des heures à bader devant les films merveilleux qui leur sont consacrés. Mais je n'aime pas, là encore, qu'on interdise à des pêcheurs, qui n'ont que ces ressources pour subsister, de continuer à prélever leur modeste écot, alors que d'énormes chalutiers originaires de pays prétendument protecteurs continuent de ratisser les fonds sous-marins, de pratiquer des activités aussi inacceptables que la pêche électrique, et que la protection soit toujours, finalement, à géométrie variable. Comme le montre l'exemple de la Réunion : d'un côté la protection revendiquée des requins, certes indispensables à la chaîne alimentaire, mais dont la dangerosité est systématiquement niée par leurs défenseurs acharnés, alors que les touristes désertent l'île en raison d'attaques dramatiques, y compris contre les pêcheurs, de l'autre la construction d'un gigantesque viaduc littoral au coût pharaonique, qui saccage la côte, perturbe la circulation des baleines… et va juste déplacer les éternels problèmes de circulation de l'île en les concentrant sur l'arrivée à Saint-Denis.

Le requin illustre pleinement nos contradictions. Nous aimons encenser les prédateurs, en minorant les risques de leur cohabitation avec l'espèce humaine, forcément coupable de toute façon. Pourquoi ne pas avoir choisi plutôt de préserver à tout prix l'hippocampe, cette sentinelle de la santé des rivages, hier vendue par bassines entières sur tous les littoraux du monde, et devenue désormais invisible ? Parce que le cheval de mer est discret, petit, et qu'il a beau incarner non seulement le symbole de la mémoire, puisque c'est le nom donné à la partie de notre cerveau qui l'abrite, mais aussi d'un certain féminisme, puisque c'est le seul animal dont le mâle expérimente les douleurs de l'accouchement, l'hippocampe n'est pas aussi « vendeur » que le requin. Et les hérauts autoproclamés de la biodiversité choisissent leurs héros en fonction de leur aptitude à galvaniser les foules et à drainer des financements[1]. L'exemple du loup l'atteste.

Revenus (certains pensent volontairement réintroduits) après un siècle et demi d'absence en France par l'Italie, et en Allemagne par la Pologne, les

1. Les éditeurs aussi, c'est le propre du capitalisme. Quand j'ai voulu écrire un livre sur les hippocampes, un éditeur l'a refusé au motif que « les poissons n'ont pas de pouvoir d'achat ».

effectifs de loups ne cessent de s'accroître. L'Allemagne en compte désormais 800, soit 75 meutes environ, la France 360… officiellement. En réalité leur nombre est probablement plus proche de 500, même si c'est l'objectif que vise pour 2023 le Plan loup, adopté en 2018 par le gouvernement français. « Il en faudrait dix fois plus pour que la population soit viable », déplore l'un des responsables du Muséum d'histoire naturelle.

Allez expliquer ça aux éleveurs, qui voient leurs troupeaux de brebis égorgés par dizaines dans les montagnes et dans les campagnes par ces intrus, qui s'en prennent aussi aux poulains et aux veaux. En 2016, il y a eu 2 735 attaques dans 25 départements. Près de 10 000 brebis ont été tuées (9 788 exactement). Au total, les pouvoirs publics ont dépensé 21,4 millions d'euros pour leurs loups. En 2017 le nombre d'ovins décimés est passé à 12 000. Il ne cesse de s'accroître, à la mesure de l'augmentation de la population de loups, d'autant que les meutes se fractionnent et que l'animal parcourt chaque jour de grandes distances, recolonisant la France à toute vitesse.

Pourtant, le maintien d'activités pastorales en moyenne montagne est considéré comme une nécessité pour éviter l'embroussaillement et la fermeture des paysages. Les troupeaux entretiennent la strate herbacée. Leur disparition se traduit par le retour de taillis et de forêts, qui donnent prise à des feux immenses, meurtriers, tels ceux que les régions en déprise du Portugal intérieur connaissent régulièrement.

Protégés par la Convention de Berne et l'initiative Grands prédateurs (!) de l'Union européenne (qui s'étend aussi à l'ours, au lynx boréal, deux fois plus puissant que son homologue d'Amérique du Nord, et au féroce glouton), les loups sont en train de devenir un fléau, dont l'existence ne sert qu'à satisfaire la vision romantique de la nature d'urbains qui n'ont pas à en supporter les nuisances. Gageons que leur prédisposition favorable à l'égard du loup évoluera le jour où une meute emportera le petit chien adoré d'un randonneur. Voire un jeune enfant. Comme hier dans les campagnes, où le loup était un animal si redouté, à la fois par ses attaques et parce qu'il propageait la rage, maladie mortelle (60 000 décès par an dans le monde) face à laquelle nous n'avons toujours aucun traitement, sinon la prévention vaccinale, que son éradication a été achevée en France à la fin du XIXe. Le monde rural, qui n'a pas la mémoire courte, lui, appréhende déjà la menace, au point qu'un mouvement est né en Allemagne « *Wolf – nein danke* » qui calque le slogan des mouvements anti-nucléaires des années soixante-dix « *Atomkraft, nein danke* ». Pour le quotidien *Die Zeit*, le loup est l'animal le plus politisé d'Allemagne, et accepter de sacrifier des moutons au nom d'une fascination pour le loup, un comportement cynique.

Il existe, en Allemagne comme en France, tout un discours naturaliste très agressif à l'encontre des éleveurs, les dépeignant en profiteurs qui s'enrichissent aux dépens du loup, parce qu'ils touchent des indemnités pour chaque cadavre de brebis dont la preuve peut être apportée qu'elle a bien été tuée par l'animal. Sauf que celles qui avortent, dépérissent ou dérochent ne sont pas comptabilisées, et que c'est en outre chaque fois une horreur pour l'éleveur de découvrir au petit matin les corps mutilés de ses bêtes. Croire qu'un éleveur se réjouit d'être indemnisé relève de la même aberration mentale que s'imaginer qu'il se réjouit de voir tout son troupeau de vaches abattu au motif d'une suspicion lointaine d'encéphalopathie spongiforme bovine. Les abattages préventifs massifs en Europe du début des années 2000, quand on craignait que s'étende la crise de la vache folle, ont provoqué de nombreux suicides chez des éleveurs désespérés.

Vouloir réintroduire le loup est une triple aberration. Sociale : le retour du loup décourage des bergers qui sont pourtant indispensables pour maintenir vivants les territoires de moyenne montagne. Économique : entre la mise en place de moyens de protection des troupeaux par les éleveurs, depuis la pose de clôtures électrifiées, d'abris de montagne, de bergers à demeure en estive, jusqu'à la nécessité de faire garder les brebis par des chiens coûteux à acheter et à dresser, comme les blancs Patous, mais aussi le recrutement de personnels de plus en plus nombreux dans les parcs naturels et régionaux français, dont le nombre de salariés ne cesse d'enfler, chaque loup coûte environ 57 000 euros au contribuable français ! L'indemnisation aux éleveurs ne représente en réalité que 15 % du budget loup, qui s'élève désormais à 25 millions d'euros chaque année, juste pour satisfaire nos fantasmes.

Puisque la nature a un coût, puisque les « services écosystémiques », nouveau jargon de l'institutionnalisation de la biodiversité, doivent désormais être évalués financièrement, à combien faut-il évaluer les services rendus depuis des générations par ces éleveurs qui font encore paître leurs bêtes en plein air, nous donnant les viandes les plus savoureuses en créant les plus beaux paysages ? Tous vivent désormais dans l'angoisse des attaques. Y a-t-il encore un avenir pour l'élevage extensif de races anciennes dans les Cévennes, comme la Caussenarde des garrigues, la Raïole, la Rouge du Roussillon, dans les Vosges, dans les Alpes du Sud ? En attendant que le loup colonise le Massif central et la Bretagne puisque sa reconquête du territoire s'effectue à grands pas. Nos brebis et leurs agneaux ne méritent-ils pas autant le respect que le loup qui les mutile, les terrorise, les égorge par centaines, sans même s'en nourrir ? Les Causses et les Cévennes ont été considérées comme si belles et si emblématiques qu'elles ont été classées en 2011 au Patrimoine mondial de l'Unesco comme « paysage culturel évolutif vivant ». À leur image, combien de landes dans le monde doivent leur beauté au travail séculaire d'éleveurs passionnés, dont les troupeaux entretiennent des pelouses propices à l'éclosion de milliers de fleurs, tels le Connemara en Irlande, les Cornouailles en Angleterre, ou encore le Dartmoor, qui attire des milliers de randonneurs chaque année et a inspiré tant d'écrivains, d'Arthur

Conan Doyle à Agatha Christie ? Il faut espérer que le loup en train de recoloniser la France entière ne réussisse pas à rejoindre l'Angleterre. À moins qu'il ne soit subrepticement réintroduit par quelques esprits malades : par quelle aberration, par quelle haine de l'humanité, certains en viennent-ils à désirer que des animaux dangereux vivent dans des territoires habités par les hommes, s'en prennent à leurs animaux, voire à leurs enfants ? Au nom de l'érosion de la biodiversité, ce grand mantra que le nouveau paganisme écologique invoque pour justifier les décisions les plus stupides, les plus aberrantes ! Et vous allez voir plus loin qu'elles sont aussi souvent très violentes, contre la biodiversité elle-même, car c'est à une véritable stratégie de triage que se livrent les naturalistes.

« Ils ne sont pas coupables, c'est nous qui sommes venus empiéter sur leurs habitats. » Cette explication, mise en avant par les prétendus gardiens de la nature, nous l'entendons de plus en plus souvent. Les animaux auraient un droit naturel à vivre là où ils l'entendent, droit qui ne leur est pas octroyé par les humains, mais qui ressort de cette idéologie qu'on appelle l'antispécisme : toutes les espèces vivantes ont un droit égal sur terre, l'homme n'en est qu'une parmi d'autres, il doit donc faire preuve d'humilité, « se réconcilier » avec la nature, voire s'effacer là où elle reprend ses droits.

Se réconcilier avec la nature… la belle blague. Avec le léopard qui tue le petit Wasim ? Avec le loup qui égorge des dizaines de brebis ? Avec le python de sept mètres qui, en 2017, avale entier un jardinier de 27 ans dans les Célèbes, en Indonésie ? Avec les salties, ces monstrueux crocodiles de mer connus pour leur agressivité, animaux protégés qui sont aujourd'hui 150 000 et créent la panique dans le nord de l'Australie ? Avec les requins qui tuent les surfeurs à la Réunion ? Avec la vermine qui grouille dans les décharges d'ordure, les rats à Paris, les poux ?

Se réconcilier avec qui exactement, d'ailleurs ? Car la « nature », c'est vaste. Et les indicateurs de la biodiversité – qui, pour faire simple, s'analyse à trois niveaux, la diversité des écosystèmes, la diversité des espèces dans les écosystèmes, la diversité des variétés à l'intérieur des espèces – suffisamment vagues pour qu'on puisse leur faire dire à peu près n'importe quoi. Parce que nous ne connaissons qu'une infime partie de la biodiversité réelle : nous n'avons identifié qu'1,8 million d'espèces environ… sur les quelque 15 millions (certains parlent même de 100 millions !) qui existent sur la terre.

Au nom de cette incertitude, il faudrait tout préserver ? Mettre sous cloche des territoires croissants parce que nous ne savons pas ce qu'ils abritent exactement, mais que c'est probablement très important ? Pour nous convaincre, les tenants de la protection expliquent entre autres que des services pharmaceutiques essentiels risquent de disparaître si nous nous accommodons de la disparition de milieux au seul prétexte que l'homme étend son emprise sur la terre. Que les écosystèmes doivent être très riches pour être en bonne santé, ce qui suppose de créer des « corridors écologiques » – en réalité meilleures autoroutes possibles pour les espèces dites invasives –, des trames vertes, et autres réseaux Natura 2000. L'Europe dispose en la matière d'un mille-feuille de niveaux de protection impressionnant.

C'est que l'heure est grave : on nous parle carrément de sixième grande extinction. Équivalente, voire pire, à la disparition des dinosaures il y a 65 millions d'années. L'homme, l'homme, l'homme, ce salopard, serait en train de ruiner toute vie sur terre. La fin du monde, vous dis-je. Une espèce de mammifère sur quatre, une espèce d'oiseaux sur huit, un tiers des amphibiens seraient en danger critique d'extinction. C'est l'horreur, l'angoisse, l'affolement généralisé. Alors, si le pauvre léopard, qui a faim et souffre de voir l'homme envahir son espace, emporte de temps en temps un gosse, on ne va pas en faire une montagne quand même.

Stop. De quoi parlons-nous exactement ? D'une liste. Établie dans les années soixante par l'Union mondiale de la Nature, précédemment appelée Union internationale pour la Conservation de la Nature, organisme créé en 1948. Cette « liste rouge des espèces menacées » a été dressée en 1964. Elle comptait alors environ 90 000 espèces – aujourd'hui 7 000 de plus. Sur 1,8 million d'espèces connues, donc.

C'est sur cette liste limitative de quelque 100 000 espèces, déjà identifiées dès les années soixante comme étant en danger, qu'environ 24 000 sont considérées un demi-siècle plus tard comme menacées. C'est certes une mauvaise nouvelle. Mais la bonne nouvelle, c'est que cinquante ans après, sur les quelques 90 000 espèces menacées recensées en 1964, non seulement la grande majorité continue d'exister, mais un certain nombre a été sauvé.

La liste rouge de l'UICN a servi de signal d'alerte, elle a eu le grand mérite, en dressant l'inventaire des espèces menacées, de mettre l'accent sur la nécessité de mesures de protection. Et pour un grand nombre d'entre elles, l'objectif a été atteint. Alors que dans l'intervalle, la population humaine mondiale a doublé.

Au lieu de voir comme une catastrophe terrifiante l'érosion de la biodiversité à partir d'une liste établie il y a soixante ans, voyons au contraire que l'homme, par son action volontariste de protection, a pu sauver un grand nombre d'espèces. Trois espèces de mammifères sur quatre, sept espèces d'oiseaux sur huit, deux tiers des amphibiens. Qui certes, pour certains, ne vivent plus dans leur habitat naturel, ou ont vu ce dernier se restreindre. Mais selon le protocole de Nagoya, adopté par les Nations Unies en 2010, la superficie terrestre des zones protégées devrait passer de 12 % des terres émergées en 1990 à 17 % d'ici 2020 (nous en sommes déjà à plus de 15 %). Et celle des aires marines de 1 % à 10 % des océans dans le même délai.

Il s'agissait surtout pour les pays en développement d'affirmer leur souveraineté sur leurs ressources naturelles, et de lutter contre la biopiraterie commise allègrement par les grandes entreprises pharmaceutiques et agroalimentaires du Nord. Mais le résultat est là : la grande course au classement concerne de plus en plus de territoires, généralement tropicaux, mais pas seulement, qualifiés de « hot spots de la biodiversité ».

Des réserves, des parcs, ou ce qu'on appelait autrefois des zoos, lieux qui se dédient aujourd'hui à la conservation dynamique d'espèces remarquables ou en danger.

Allez voir la liste des espèces disparues, vous serez surpris : au lieu de l'inventaire interminable auquel on pourrait s'attendre, elle est relativement courte. Et la plupart des disparitions se sont produites au XIXe et au début du XXe siècle, quand l'homme a colonisé de nouvelles terres, particulièrement des îles, et s'est livré à la chasse inconsidérée d'animaux incapables de se défendre. À l'exemple du dodo, ce gros oiseau promptement éliminé de l'île Maurice. Aujourd'hui on le clonerait. Ou bien on le mettrait dans un zoo pour le préserver. Rares sont les pays qui s'accommodent désormais de la disparition de leurs espèces emblématiques. La Nouvelle-Zélande a sauvé le kiwi. Hawaï l'abominable néné, cette oie bernache d'une agressivité impressionnante (gare à vos mollets !). Bien sûr, on a du mal avec le rhinocéros noir, mais il était déjà considéré comme condamné en 1961, ce qui motiva d'ailleurs la création d'une grande organisation de défense de la nature, le WWF (World Wide Fund), par Luc Hoffmann, ornithologue, mais surtout membre du groupe pharmaceutique suisse Hoffmann-La Roche. Désireux de sauver partout dans le monde les zones humides, il acheta d'immenses terres en Camargue pour fonder un conservatoire (mais aussi une réserve de chasse), et fut à l'origine de la convention Ramsar de 1971. Le WWF prit pour symbole un animal emblématique, aisément mémorisable, dont le masque noir et blanc présentait l'intérêt de permettre d'imprimer des documents en faisant l'économie de la quadrichromie, alors très coûteuse. Le panda, lent, presque incapable de se reproduire, au régime alimentaire le plus exigeant du monde (des feuilles de bambous si peu nourrissantes qu'il lui en faut des quantités impressionnantes) aurait dû disparaître tellement il paraissait inadapté. Il est devenu un trésor national en Chine, le symbole de sa diplomatie. L'Empire du milieu ne le prête, toujours avec parcimonie, qu'aux pays amis : 23 parcs seulement dans le monde ont été considérés comme dignes de cet immense honneur. En France, depuis 2012, le « zoo-parc » de Beauval, où la naissance d'une petite femelle en 2017 a fait figure d'évènement mondial.

Comment comptabilise-t-on les espèces ? Luc Hoffmann fut l'un des premiers à mettre en place une méthodologie, qui reste toujours d'actualité. Pour les oiseaux de Camargue, citons l'Observatoire de la Tour du Valat qu'il a créé : « une fois par mois, de septembre à mars, les marais et plans d'eau sont survolés à basse altitude (80 à 100 mètres) avec un aéronef léger se déplaçant à environ 180 kilomètres-heure. Les oiseaux sont identifiés et leur nombre estimé instantanément, à vue. » Il existe aussi des comptages terrestres depuis le bord des étangs, avec des jumelles, mais ils ne sont pas coordonnés entre eux. Je vous laisse apprécier la précision de la méthode.

Alors bien sûr que certains écosystèmes sont dégradés, que la situation dans certains pays émergents paraît alarmante. Mais la bonne nouvelle, c'est que rien n'est irréversible : on sait aujourd'hui restaurer des forêts, dépolluer des fleuves, recréer dans les îles la végétation prétendument endémique.

Mais qu'on ne nous fasse pas la blague des forêts primaires : dans le monde tropical, qui n'a pas connu de glaciation depuis 80 millions d'années, plus aucune forêt n'est primaire ! L'Amazonie a été occupée par des civilisations anciennes qui ont été décimées par le choc microbien à l'arrivée des Européens. Ce que nous observons aujourd'hui est une recolonisation végétale. Cessons de pousser des cris d'orfraie et d'insulter les Brésiliens quand ils défrichent, comme nous l'avons fait en Europe pendant des millénaires, ce qui ne nous empêche pas aujourd'hui d'avoir d'immenses forêts tempérées, d'ailleurs très bien gérées, qui jouent un rôle bien plus important dans le climat de la planète que les forêts tropicales vieillissantes, grandes émettrices de méthane. Quant au Costa Rica, qui adore se présenter comme le lieu d'élection de la nature sauvage, sa forêt a été très largement replantée dans les années soixante-dix, quand il a décidé de jouer la carte du paradis écologique pour Américains en mal d'Éden.

Quand ces mêmes Américains célèbrent leur superbe *wilderness* et aimeraient l'étendre au reste du monde, ils célèbrent un génocide, celui de tous les peuples indiens qu'ils ont chassés et même massacrés pour récupérer leurs terres. Emerson, Thoreau, et autres grands naturalistes aujourd'hui encensés comme des prophètes n'avaient rien d'humanistes et passaient leur temps à regretter, déjà, le passé. Exactement ce qui se passe aujourd'hui en Afrique centrale, où les Pygmées ne pèsent rien face à la mainmise de l'oligopole de la conservation mondiale, WWF toujours, mais pas seulement : il existe un très grand nombre d'organismes qui s'arrogent tous les droits au nom de la protection de la nature et sont soutenus par leurs États d'origine.

En réalité, la *wilderness* est un grand mythe : tous nos paysages sont des héritages, le produit des interventions successives de sociétés humaines dont les priorités changent. Exactement comme on a replanté les Landes, créé le Marais poitevin, le lac de Der, cette « mer intérieure » champenoise, ou encore celui de Serre-Ponçon, et le Salagou. À commencer par la Camargue, que le géographe Bernard Picon décrit comme un « polder agri-industriel » : ce territoire, irrigué et drainé par un multiple réseau de canaux mis en place après son endiguement par Napoléon III, aime se présenter comme le dernier espace vierge d'Europe mais il n'existerait pas sans les marais salants (qui font venir les flamants), les riziculteurs (qui dessalent les terres pour les éleveurs de taureaux et de chevaux), les producteurs de sagne, ce roseau de Camargue, les chasseurs désireux d'avoir une grande population de canards, poules d'eau et autres macreuses... Sans le mythe de *Crin-Blanc*, film de 1953 qui reçut la palme d'or à Cannes et propagea dans le monde entier la vision merveilleuse d'un paradis sauvage, la Camargue n'aurait pas été sanctuarisée par la création d'un parc naturel régional en 1970, parce qu'il fallait préserver un poumon de nature entre la zone industrialo-portuaire de Fos-sur-Mer et les stations touristiques littorales du Languedoc-Roussillon…

La plupart de nos paysages sont des créations humaines. À commencer par les immenses plans d'eau. Il fut un temps où on asséchait les marais, considérés comme des zones insalubres, responsables du paludisme. Sauf qu'aujourd'hui, essayer de toucher à un paysage, créer un plan d'eau, suscite les plus grandes levées de boucliers. Comme si la nature existait indépendamment de l'homme et qu'elle se maintenait à l'identique lorsque l'homme levait le camp !

Non seulement l'homme sauve les espèces qui l'intéressent, généralement les gros mammifères et les oiseaux, mais il est capable, avec l'agriculture et l'élevage, les prairies, les champs de maïs, les vergers, de créer une biodiversité d'autant plus intéressante qu'elle est nourricière.

Hier, nos ancêtres ne disposaient que de bien peu de nourriture et souffraient massivement de la faim. Les progrès agronomiques et le grand brassage des civilisations n'étaient pas encore passés par là. Aujourd'hui, l'humanité dispose d'une immense quantité de nourriture, largement suffisante pour nourrir chacun d'entre nous si n'existaient plus ni les guerres, ni des millions de ruraux pauvres, privés de l'accès aux semences et aux techniques leur permettant d'atteindre la sécurité alimentaire. Il existe une immense variété de plantes nourricières – nous adorons d'ailleurs en découvrir chaque jour de nouvelles, présentées comme « exotiques » ou authentiques, donc forcément meilleures. Adolescente, j'ai vu apparaître le kiwi à la table familiale. Beaucoup plus tard, le quinoa. Aujourd'hui, on adore consommer le goji, les graines de chia, le maca péruvien, le curcuma indien, redécouvrir le salsifis, le topinambour, le rutabaga et autres légumes anciens. Bien loin de l'uniformisation trop souvent dénoncée à tort, la biodiversité nourricière ne cesse de s'accroître. Et parce qu'il faut sans cesse réfléchir à de nouvelles semences face à l'apparition de résistances et de maladies comme aux contraintes exercées par le changement climatique, tous les pays du monde, toutes les grandes entreprises préservent des banques de variétés, de gènes, d'espèces, pour puiser dans ce « capital génétique » de quoi trouver des réponses. La diversité n'est pas l'apanage des sociétés paysannes anciennes, même si elles jouent un rôle important de gardiennes de la mémoire. Combien aussi de passionnés entretiennent avec passion des conservatoires de variétés anciennes !

Les écosystèmes ne cessent d'évoluer. Comme pour le changement climatique, il n'y a pas d'optimum. D'« instant T » qu'il faudrait à tout prix cristalliser, immobiliser le curseur de l'évolution, comme si nous avions atteint le nirvana. Un saut dans le passé nous montrerait des plantes et des animaux tellement différents de ceux d'aujourd'hui que nous ne les reconnaîtrions pas forcément. Ils seront tout aussi différents dans l'avenir. Pour se maintenir, les écosystèmes doivent être dynamiques, il n'y a pas de climax. Certains se dégradent, mais il nous appartient de les « réparer » si nous le souhaitons.

Sauf que les priorités changent. Hier des centaines de milliers de flamants roses se sont installés en Camargue parce qu'ils ont trouvé, avec le travail des saliniers, des étangs où les concentrations successives du sel favorisaient la prolifération de petites crevettes appelées artémias dont ils se nourrissaient. Aujourd'hui, à l'est de la Camargue, les Salins du Midi sont partis. Le Conservatoire du littoral, qui a racheté leurs terres, a abandonné les pompes qui permettaient de réguler les entrées d'eau de mer. Il a aussi cessé d'entretenir les digues construites au temps de Napoléon III. Au nom du « repli stratégique » et de la « réconciliation » avec la nature, on dépoldérise un territoire qui a été créé au milieu du XIXe par la mise en place d'un réseau de canaux d'irrigation. La disparition du flamant rose est acceptée par certains, qui le qualifient même d'oiseau d'élevage ! Mais si la mer reprend possession de la Camargue, que deviendra le territoire emblématique de Crin-Blanc, de la culture du biou, ce taureau camarguais aux cornes en forme de lyre ? Les touristes viendront-ils toujours dans ce territoire, dont le « sauvage » a été soigneusement créé par l'homme, si ses espèces emblématiques en ont disparu, si on l'abandonne au sel, au vent et aux moustiques ? Peut-être. Mais c'est faire bien peu de cas des hommes qui, patiemment, ont édifié des mas, des roselières, un réseau de roubines, des rizières et de pâturages, et qui aiment profondément leur pays, leurs chevaux blancs et leurs taureaux noirs.

En Floride, dans les Keys, on ne se résout pas à pareille évolution : des cordons dunaires sont édifiés parallèlement au rivage pour protéger les plages et les biens, des endiguements mis en œuvre pour préserver les paysages. Le rez-de-chaussée des immeubles est délaissé au profit des étages, tout comme à Hawaï les villas se juchent sur d'immenses pilotis. Tout est affaire de priorité. Mais partout c'est l'homme qui choisit, qui décide, qui intervient, qui régule.

Dans nombre d'îles tropicales, on a ainsi décidé de restaurer la biodiversité prétendument endémique. Là encore, tout est affaire de curseur : toutes les îles ont été peuplées par des colonisations végétales et animales successives, apportées par les trois W, les vagues (*waves*), le vent (*wind*), les oiseaux (*wings*, ailes), mais aussi par les occupations humaines. Pourtant, aux Seychelles, on massacre par milliers le petit perroquet rouge de Madagascar, considéré comme une espèce « invasive » comparée au perroquet noir local. C'est un festival de piégeages, de gazages, de nuques brisées… Le manuel des espèces invasives des Seychelles pèse plus d'un kilogramme, la liste des méthodes d'extermination fait dresser les cheveux sur la tête. Dans bien des îles, on extermine les chats, accusés de tuer les oiseaux. Mais les rats prolifèrent et dévorent les œufs. Les serpents ont envahi l'île de Guam, dans le Pacifique. Les crabes rouges celle de Clipperton, au large du Mexique, qui revendique l'île, ce qui a motivé la création par la France d'une immense « aire marine protégée ». Les fameux nodules polymétalliques toujours.

Partout les naturalistes s'arrogent le droit de décider. Leur stratégie de triage est impitoyable. Et évolutive. Elle passe par l'éradication méthodique d'espèces qualifiées d'invasives. Alors que sans elles, qui s'installent à la faveur de l'affaiblissement d'autres espèces, bien des paysages perdraient une grande partie de leur attrait. On organise le grand massacre des ibis sacrés en Bretagne, des mangoustes à Hawaï, des miconias aux si belles fleurs rouges en Polynésie… Je frémis aujourd'hui car les ibis noirs et les magnifiques cygnes tuberculés se sont installés en Camargue et je vois venir le moment où les naturalistes vont nous expliquer qu'il faut les éliminer en tant qu'espèces invasives.

Et puis quelques années plus tard, on regrette. L'animal détesté était finalement utile. Si décriée, la perche du Nil, ce prétendu « cauchemar de Darwin » (du nom d'un film au titre accusateur qui, bien sûr, regrettait le passé), parvenait à vivre dans les eaux polluées du lac Victoria et avait permis la création de pêcheries modernes, donnant de l'emploi et des revenus à la population locale. Cette filière de valorisation est en train de disparaître car la population de perches s'effondre. Il va falloir maintenant apprendre à valoriser le silure. Un nouveau « cauchemar de Darwin » ? Gageons qu'il se trouvera des écrits pour célébrer aujourd'hui le poisson haï hier.

La rascasse volante, ce magnifique poisson-lion, vu comme une espèce invasive, vorace et prédatrice, est méthodiquement tuée en Floride. Elle pourrait pourtant représenter une ressource alimentaire de choix, à condition d'apprendre à ôter ses épines dorsales venimeuses, comme le font les Martiniquais. L'écrevisse rouge, haïe en France, est un mets de prédilection en Louisiane, où l'alligator a été sauvé in extremis de l'extinction. 1,5 million d'alligators assurent aujourd'hui le spectacle dans les bayous du Mississipi et dans les Everglades. Et finissent aussi dans les assiettes ou en cuir de confection, comme le kangourou, qui prolifère en Australie.

On préserve tout ? On tue tout ? Trop de « gardiens de la nature », au nom d'une vision sélective de la sacro-sainte biodiversité, se comportent en véritables nazis, autant à l'égard des espèces qu'ils jugent indésirables, que des hommes qui ont le malheur de se trouver sur le territoire de leurs protégés. Au nord du Bénin, le peuple Berba élève un cheval pour la chasse au gibier sauvage, assommé à la course. Inutile de vous dire qu'avec cette méthode, il n'en tue pas beaucoup. Les enfants se voient attribuer un cheval à la naissance, dont ils prendront soin toute leur vie. Mais la création des parcs nationaux de la Pendjari et du W a amputé les territoires de chasse des Berbas. Lorsque des cavaliers pénètrent dans les réserves, les rangers abattent leurs chevaux. Pourtant le Berba présente un intérêt particulier : ce cheval ne semble pas atteint par la redoutable maladie du sommeil, qui a empêché l'usage de la roue en Afrique du Sahara car elle décimait le bétail de bât et d'élevage. La trypanosomiase tue des centaines de personnes chaque année. Malgré les efforts de l'OMS pour la combattre, elle menace

65 millions de personnes dans 37 pays d'Afrique. Pourtant, le cheval Berba est aujourd'hui en voie de disparition : au nom de la biodiversité sauvage, on détruit une biodiversité domestique qui aurait pu être utile pour sauver des millions de vies.

Donner la priorité à des animaux élus, sans se poser la question des conséquences pour des êtres humains qui, de toute façon, ne comptent pas, tel est l'écueil trop souvent observé chez les apôtres naturalistes. Aux États-Unis, la publication en 1962 du livre *Silent Spring* de la biologiste Rachel Carson, qui accusait un insecticide, le DDT, de tuer les oiseaux, entraîna son interdiction quelques années plus tard après une intense campagne de lobbying. Le DDT avait été mis au point pour lutter contre les poux, propagateurs du typhus, et les moustiques responsables de la malaria, redoutable fléau contre lequel l'OMS avait lancé une campagne d'éradication en 1955 (elle avait même annoncé l'éradication de la maladie pour le début des années soixante). Après cette interdiction, le paludisme s'en donna à cœur joie : un million de morts par an, généralement des enfants de moins d'un an. Cinquante millions depuis l'interdiction. Grâce à l'action d'ONG comme Médecins Sans Frontières, de la Fondation Bill et Melinda Gates, du Fonds mondial contre le paludisme et le sida, qui financent de nouveaux traitements, la mortalité a été aujourd'hui divisée de moitié. Mais elle représente quand même 450 000 décès chaque année ! La malaria reste la première cause de mortalité par maladie infectieuse dans le monde. Et tandis que le réchauffement climatique étend les zones d'endémies, les résistances se multiplient. Depuis 2006, l'OMS préconise de nouveau le recours, certes mesuré, au DDT, notamment par des pulvérisations et des moustiquaires imprégnés. Qui paiera pour les 50 millions de morts ? Qui les pleurera ?

Ah, mais attention, les insectes sont devenus nos amis ! En 2019, une exposition, d'ailleurs magnifique, au Musée des confluences à Lyon célèbre les coléoptères. Qui englobent autant les gentilles coccinelles dévoreuses de pucerons – on reproche aujourd'hui aux variétés asiatiques, généreusement importées justement à cet effet, de porter atteinte à nos variétés locales – que les redoutables doryphores dévoreurs de pommes de terre, et autres hannetons voraces. Parlons du doryphore, qui arriva d'Amérique du Nord dans les années vingt et se jeta avec voracité sur les cultures européennes. C'est aussi contre ses ravages que le DDT fut inventé. Dans les années cinquante, les paysans étaient invités à se procurer de la bouillie arsenicale en mairie pour lutter contre les insectes, on mobilisait femmes et enfants pour les ramasser à la main.

L'Europe, France en tête, interdit désormais la plupart des molécules chimiques au nom d'une croisade enflammée contre les pesticides. Et les doryphores refont leur entrée en force dans les exploitations, non seulement bio, mais aussi conventionnelles, privées des moyens de le combattre.

On déplore aujourd'hui que les insectes sont moins nombreux qu'hier à s'écraser sur les pare-brises de nos voitures. Un petit tour dans le monde tropical nous rappelle pourtant que les cafards, les punaises, vectrices en Amérique latine d'une autre trypanosomiase redoutable, la maladie de Chagas, les puces, les poux et autres amis du genre humain n'ont pas désarmé. La vermine grouille partout où le contrôle de l'homme se relâche. La nature reprend le dessus avec une rapidité affolante dès qu'il recule d'un pas. Maisons écroulées sous la végétation dans le *Lower Ninth Ward* de La Nouvelle-Orléans, devenu un quartier fantôme après le cyclone Katrina en 2005, provoquant la mort et la désolation pour des milliers de personnes, souvent pauvres et noires. Lors de tours organisés, les touristes le visitent aujourd'hui avec stupeur et fascination. Bravant le danger – le tourisme de la désolation fait recette chez certains « explorateurs », qui détestent pourtant être qualifiés de touristes –, certains audacieux découvrent la nature luxuriante qui a repris possession des lieux à Pripiat, en Ukraine, abandonnée après le désastre de Tchernobyl en 1986 et l'évacuation de ses habitants. Même les villes nouvelles chinoises que le pays construit à la photocopieuse, partout dans le pays, pour accueillir les anciens ruraux et accompagner l'émergence économique, se dégradent à toute vitesse si leurs habitants tardent à s'installer. Nous avons tous vu des images de parcs d'attractions abandonnés et gagnés par les lianes, les ronces, les bêtes sauvages. Tout repli humain laisse immédiatement place à la force inouïe de la nature.

Sixième grande extinction ? Mais de quoi exactement ? Au Botswana, il y a tellement d'éléphants qu'ils détruisent leur propre environnement. Les moineaux et les merles prolifèrent désormais dans les pays du Golfe transformés en jardins, où ils n'auraient jamais pu vivre il y a un demi-siècle. Les rouges-gorges recolonisent les terres les plus septentrionales à la faveur du réchauffement. Pourquoi ne souligne-t-on que rarement les aspects positifs du changement climatique ? La force des actions humaines pour sauver des espèces en danger ? La capacité naturelle à créer de la biodiversité domestique et commensale, comme le montre le nombre d'animaux qui trouvent dans les villes des écosystèmes favorables, oiseaux, renards, faucons, et hélas rongeurs et autres hôtes indésirables ? Les navires transportent dans leurs eaux de ballast des milliards de micro-organismes, qui assurent la mise en contact de toutes les eaux de la planète. Les espèces dites lessepsiennes, issues de la mer Rouge, franchissent le canal de Suez pour coloniser la Méditerranée, où on trouve désormais des requins bleus, des diodons, et un grand nombre d'animaux tropicaux. À quand les premières attaques de requins à La Grande-Motte ?

La nature n'a rien de bienveillant et la mondialisation et le réchauffement climatique multiplient les micro-organismes pathogènes, bactéries, virus, parasites, prions, qui ont fait des ravages au cours de l'histoire. Les bactéries nous ont transmis la tuberculose, la syphilis, le choléra, la lèpre, le typhus. Les virus, Ebola, sida, fièvre jaune, grippe, rougeole, varicelle. Napoléon avait bradé la Louisiane aux Américains à cause de la fièvre jaune qui sévissait à La Nouvelle-Orléans. Plus du tiers de l'actuel territoire américain !

À la faveur des grands mouvements de population, les virus sortent aujourd'hui de leur écosystème, pour tuer en masse les populations non protégées. Les parasites qui prolifèrent dans les eaux tropicales transmettent le paludisme, les trypanosomes comme la maladie du sommeil, les horribles leishmanioses, les bilharzioses et autres schistosomiases. Je vous laisse aller visionner quelques photos sur le net, celles de paysans aux pieds d'éléphant à cause du ver de Guinée, celles des aveugles dans les villages parce que les filaires ont colonisé leurs yeux. Âmes sensibles s'abstenir ! Il suffit pourtant d'un comprimé d'antibiotique pour les guérir.

Dire que la nature est bonne et bienveillante, c'est oublier d'où nous venons et ce qu'endurent aujourd'hui les pauvres du monde, qui n'ont pas encore eu notre chance. 200 millions de malades du paludisme dans le monde, une maladie qui sévissait chez nous, en Europe, jusqu'aux grands travaux d'assainissement et aux progrès de l'hygiène et de l'habitat dans la deuxième moitié du XIXe. « La Camargue ? Tout le monde grelotte, tout le monde a la fièvre », écrit Alphonse Daudet dans les *Lettres de mon moulin*, en 1869.

Le tiers de la population mondiale est en contact avec la tuberculose, une maladie qui fut perçue comme « romantique » elle aussi. Et qui a fait des millions de morts. « Mon cher cadavre », disait George Sand de son compagnon, le pianiste Frédéric Chopin. Il en mourut précocement, en 1849, à moins de quarante ans.

Romantique, *la Dame aux Camélias*, dépeinte en 1848 par Alexandre Dumas ? Elle venait de mourir un an auparavant, à l'âge de 23 ans. Les sanatoriums furent inventés au tournant du XXe siècle pour isoler et tenter de soigner par de l'air pur les « poitrinaires », souvent condamnés. L'Europe comptait alors 10 millions de malades de la « peste blanche ». Romantiques, tous les morts du sanatorium de Davos, où séjourna en 1911 l'épouse de l'écrivain allemand Thomas Mann, même si l'expérience lui inspira son livre phare, *La Montagne magique*, publié en 1924 ?

Et la variole, qui défigura, estropia, tua le monde pendant des siècles ? Combien de rois décimés par la « mort rouge », de Pierre II de Russie en 1730 aux Bourbons ! Un enfant sur deux en mourait en 1750. 60 millions de morts au XVIIIe. Jusqu'à ce qu'on l'éradique enfin. Le premier vaccin de l'histoire, parce qu'un médecin anglais, Edward Jenner, avait remarqué que les paysans en contact avec leurs vaches malades de la « vaccine », une version bovine et soft de la variole, étaient immunisés. Il inocula en 1796 aux enfants le pus de pustules de vaches contaminées… et sauva le monde d'une pandémie qui faisait encore 500 000 morts dans les années cinquante. Le dernier cas survint en Somalie en 1977. Aujourd'hui la maladie est considérée comme définitivement éradiquée, l'obligation vaccinale supprimée.

Imaginez juste si Jenner avait vécu aujourd'hui, alors que de tant de personnes s'opposent à la vaccination. La petite vérole avait un bel avenir devant elle ! Nous

nous croyons protégés parce que nous vivons dans un environnement assaini. Mais les pandémies guettent. Le retour de la rougeole tue aujourd'hui en France des adolescents qui n'ont pas été protégés, enfants, par leurs parents. Comme elle tue des millions de bébés dans les pays pauvres. Nous avons oublié à quel point, de tous temps, les hommes ont dû lutter contre des fléaux qui ne demandent qu'à faire leur retour, à la faveur des grandes concentrations de l'humanité, dans les mégalopoles, les aéroports, les métros… Les candidats au bioterrorisme, eux, étudient ça de près.

Qui, sinon les médecins épidémiologistes et les volontaires des agences d'aide, se soucie des 3 millions de personnes encore infectées par la lèpre, des épidémies de peste à Madagascar, cette maladie affreuse transmise par les puces des rats, qui fit 100 millions de morts en Europe au XIVe siècle ? Requiem pour les 10 000 morts anonymes du choléra à Haïti, d'une souche inconnue sur l'île, apportée avec le contingent népalais des casques bleus de l'ONU, venus secourir les victimes du séisme de janvier 2010. L'humanitaire onusien avait juste oublié que les latrines ne doivent pas se déverser dans les rivières où les gens pauvres puisent leur eau. Il a fallu que Médecins Sans Frontières multiplie les alertes pour que l'ONU admette enfin sa responsabilité, six ans plus tard, en 2016. Tout comme MSF a dû prendre en charge, seule ou presque, les premiers malades d'Ebola (11 000 morts entre 2013 et 2015) en Afrique occidentale, avant que l'Organisation mondiale de la santé ne prenne le problème à bras-le-corps, plus de six mois après le début de l'épidémie.

Bienveillante, la nature ? Et les 36 millions de morts, déjà, à cause de la pandémie de sida ?

Au moment où je boucle ce livre, une terrible pandémie d'Ebola est en train de s'étendre en Afrique orientale. Si le foyer initial est apparu, comme souvent, à l'est de la République démocratique du Congo, où guerre et pauvreté continuent de déplacer des milliers de personnes, c'est, d'une part, parce que les soignants ne peuvent se rendre dans cette région troublée, d'autre part parce que 4 % des malades sont asymptomatiques. Quant à ceux qui ont survécu, certains, même apparemment guéris, continuent de propager le virus. Il semble qu'ils aient été infectés en préparant rituellement pour leur inhumation les corps de personnes décédées, comme le veut la tradition dans toute une partie de l'Afrique. Les médecins, exactement comme Jenner l'avait fait deux siècles et demi auparavant, ont développé un vaccin vivant à partir du virus d'une maladie proche, la stomatite vésiculaire, qui touche les bovins, les chevaux et les porcins. Comment oser s'opposer aujourd'hui à la fois à la vaccination et à l'élevage, quand ils permettent d'espérer sauver des millions de personnes qui meurent aujourd'hui dans d'atroces souffrances ?

Il faut cesser de présenter les humains comme néfastes, proliférants et destructeurs, cesser de nous bassiner tous les jours avec le prétendu glas de la biodiversité !

La haine de l'humanité

Hélas bien des grands amoureux d'une nature idéalisée n'aiment pas l'humanité. Et le revendiquent. « Plus je connais les hommes, plus j'aime les chiens » écrivait Madame de Staël, qui mourut en 1817, à 51 ans, d'une hémorragie cérébrale. Mais elle faisait alors allusion aux affres de la condition féminine à son époque, ce qui lui donne une excuse en béton. Quand Karl Lagerfeld meurt en prétendant léguer son immense fortune à sa chatte Choupette (ce qui est interdit en France… pour l'instant du moins car la cause animalitaire y progresse à grands pas), peu de personnes crient à l'indécence. Pourquoi celui qu'on a sacralisé comme un immense couturier n'a-t-il pas eu l'élégance de léguer sa fortune à des organismes chargés de prendre en charge la détresse humaine ? Secours Populaire, Frère des Hommes, Emmaüs, Médecins Sans Frontières… ils ne manquent pas pourtant. Quelle insulte pour l'humanité que ce geste méprisant !

Et si l'homme détestait à ce point les êtres humains (sauf quand il pouvait vêtir des femmes consentantes de ses oripeaux ruineux), pourquoi n'a-t-il pas légué sa fortune aux figures de proue contemporaines de la défense animale, la fondation Brigitte Bardot ou la SPA ? Elles auraient pu sauver des millions de choupettes ! Et garantir bien sûr une belle vie à sa mémère adorée.

Et même, ce qui aurait été du dernier chic, cher Karl, toi qui jusqu'à la fin de ta vie as revendiqué le droit de continuer à utiliser de la fourrure et des peaux exotiques, tout dernier couturier, ou presque, à affubler les femmes de peaux de bêtes fraîchement tuées (hommage au paléolithique ?), cela aurait été d'aider le secteur à évoluer vers d'autres usages. Des tissus de remplacement, issus du végétal, ou même des multiples ressources de la chimie. Ton immense fortune au service de la fin de l'élevage intensif de visons, de chinchillas, de renards, de pythons, tués juste pour satisfaire les fantasmes des élégantes, quel chic ! Les antispécistes et les végans t'auraient chaleureusement applaudi.

C'est à qui aujourd'hui se précipite dans les médias pour expliquer qu'il refuse désormais de manger de la viande. Que les animaux n'ont pas à être élevés pour le bon plaisir des humains. Qu'il faut rendre à la liberté les pauvres lapins dans les élevages (les pauvres en effet : ils sont si vulnérables et si paniqués par la liberté qu'ils en meurent presque immédiatement de stress), adopter les poules pondeuses, cesser de consommer des produits animaux, pas seulement de la viande, mais aussi du lait et du fromage car de tels aliments reposeraient sur l'exploitation d'êtres sans défense. Les mêmes vous expliquent pourtant qu'au paléolithique, quand l'homme était un chasseur-cueilleur, tout allait tellement mieux.

Le mouvement antispéciste, bien que très minoritaire en France, bénéficie de l'oreille complaisante de nombreux médias. Et il va de plus en plus loin : l'équitation serait une maltraitance animale (« les chevaux ne sont pas des chaises »). Les militants préféreraient-ils voir disparaître le meilleur ami de l'homme ? Un cheval n'est pas un animal de compagnie, qui peut vivre dans un salon, comme Choupette. S'il n'est pas « utilisé » d'une façon ou d'une autre, même juste pour des promenades, il disparaîtra peu à peu de nos campagnes. C'est ce qui est arrivé aux chevaux de trait. Ce sont pourtant les équidés qui ont permis aux êtres humains de partir à la découverte du monde, d'occuper de nouveaux territoires, de peupler la steppe, la toundra, les montagnes… Ils ont fourni aux hommes non seulement leur force, pour l'agriculture, le bât, la défense des territoires et leur conquête, mais aussi le lait de leurs juments, leurs crins pour la confection de cordes, leurs anticorps pour élaborer des vaccins…

La conviction d'agir justement pousse les activistes à des actions de plus en plus violentes. Ils attaquent les boucheries, les crémeries, et même les soyeux lyonnais (car depuis des millénaires on ébouillante les vers à soie pour récupérer leur précieux cocon). L'État se montre singulièrement indulgent : peu d'arrestations, beaucoup de relaxes, des peines souvent légères. En première instance, beaucoup de juges se comportent désormais comme des militants.

Heureusement que de tels mouvements n'avaient pas droit de cité il y a trois mille ans quand les Chinois découvrirent le secret de la sériciculture ! Les routes de la soie ont diffusé dans toute l'Eurasie pendant des millénaires les connaissances médicales, mathématiques, astronomiques. Jamais nos Lumières n'auraient pu advenir sans l'apport des savants chinois et asiatiques. En 1429, le prince astronome Ulugh Beg, petit-fils de Tamerlan, inaugure à Samarcande un sextant géant de 90 mètres de longueur. Les Soviétiques l'ont exhumé et restauré au XXe siècle. Le visiter aujourd'hui, en Ouzbékistan, dans toute sa perfection, nous rappelle tout ce que l'Occident doit à l'Orient : grâce à cet observatoire, le savant put dresser une carte des constellations qui fut acheminée en Europe, inspira Copernic et Galilée. La carte du ciel permit aux navigateurs européens de partir explorer le monde, écrivant alors l'histoire des Grandes découvertes, une mondialisation centrée non plus sur le monde chinois, mais sur la conquête occidentale, à travers les trois océans, atlantique, indien, pacifique.

Les nouvelles routes de la Soie se réécrivent aujourd'hui à la faveur de l'émergence chinoise, elles mettent en œuvre toute la dimension géographique de la quatrième révolution industrielle, celle du digital, de l'intelligence artificielle, de la transition écologique.

Si les défenseurs des cocons avaient eu droit de cité, nous vivrions toujours à l'âge des cavernes. Il est d'ailleurs certains qui, pour réhabiliter ce dernier, nous expliquent que tout était bien mieux au paléolithique, sur tous les plans, et osent affirmer que c'est l'invention de l'agriculture qui a tout gâché. Ils vous décrivent de petites communautés humaines vivant harmonieusement de ce que la nature pouvait prodiguer. Les mêmes souvent, mais aussi d'autres, préconisent le retour à un régime alimentaire fondé sur des aliments crus, non transformés, forcément sains. C'est vrai que tout était tellement mieux quand la vie ne durait en moyenne pas plus de douze années. Vous pensez que j'exagère ? Ce sont les chiffres très officiels du Population Reference Bureau, une organisation a priori sérieuse basée à Washington.

Avant l'invention des antibiotiques, des pesticides et du moteur à explosion, l'espérance de vie de l'humanité n'a jamais dépassé vingt-cinq ans. Riches et pauvres à la même enseigne, celle de la maladie et de la mort précoce, des femmes épuisées par des grossesses à répétition, dont plus de la moitié des enfants mouraient en bas âge, quand elles-mêmes ne succombaient pas en couches avec leur bébé.

Aujourd'hui, si vous voulez savoir comment se porte un pays, regardez juste son taux de mortalité infantile, c'est-à-dire le nombre d'enfants qui y meurent avant l'âge d'un an, pour mille naissances vivantes. Il n'existe pas un indicateur plus sûr de l'état d'un pays et du bien-être de sa population. Le taux de mortalité infantile reflète à la fois l'état du système de santé (accouche-t-on dans un bon hôpital, existe-t-il seulement un dispensaire ?), celui des infrastructures – un hôpital sans route pour y arriver, ou bien avec juste une piste défoncée par les fondrières dues aux lourds camions et aux pluies, ça ne sert à rien –, mais aussi le statut social et le niveau d'éducation des femmes, qui vont souvent de pair.

Dans les pays les plus arriérés (j'utilise ce terme péjoratif à dessein), les femmes sont mariées dès leurs premières règles, et parfois même avant, à des hommes beaucoup plus âgés qu'elles, et généralement polygames : diffusion garantie des MST, d'autant que ces messieurs ne s'interdisent pas pour autant le recours à des prostituées et qu'ils auraient l'impression de déchoir en utilisant un préservatif. Presque toujours excisées (200 millions de femmes sont victimes de ces mutilations génitales dans le monde, en Égypte et au Mali elles le sont presque toutes), parfois infibulées au motif que leur plaisir menacerait l'équilibre social, ces femmes souffrent de multiples complications intimes, elles font autant d'enfants que mère nature la bienveillante le leur permet, en perdent un certain nombre, subissent la relégation dans des cases sombres et insalubres quand elles ont leurs règles et sont donc « impures », vieillissent prématurément. Et sont alors parfois répudiées. Ou ostracisées socialement si leur mari meurt. Le taux de mortalité infantile et celui de la mortalité maternelle en couches sont alors là pour nous indiquer à quel point ces pays « traditionnels » ont décroché de la marche du monde. Mais ce sont souvent ceux qui fascinent les « explorateurs » – qui déchoiraient en se qualifiant de touristes, comme les vieux mâles en chaussant des préservatifs – parce qu'ils les trouvent « authentiques ». Certains ajoutent même que ces gens-là sont « bien plus heureux comme ça » (surtout les femmes) et que leur apporter la modernité représente un crime. Désenclaver la région par une route goudronnée qui permet aux parturientes d'accoucher à l'hôpital est alors vu comme un désastre par ces voyageurs qui veulent pouvoir être seuls à rallier, par des moyens toujours exceptionnels (trekking, escalade, canoë...), ces hauts lieux de la maladie, de la mort précoce, et du handicap provoqué par un accident, à la naissance ou plus tard.

Heureusement ces situations deviennent de plus en plus exceptionnelles – au grand dam des musées de la dernière génération, qui placent toutes les cultures sur le même pied, en un grand gloubi boulga unificateur, qui les pousse à célébrer les rites authentiques et mutilateurs des sociétés archaïques, généralement dirigés contre les femmes. L'humanité d'hier ne peut pas être célébrée contre celle d'aujourd'hui. Que ceux qui affirment que le monde est en train de s'autodétruire jettent juste un coup d'œil au taux de mortalité infantile (TMI). L'Institut national d'études démographiques (INED) publie tous les deux ans un rapport aisément accessible sur le net, qui s'intitule « Tous les pays du monde ». Tous les TMI sont indiqués par régions et par pays, il est très facile de se faire une idée de l'état de l'humanité.

En 1960, quand je suis née, le taux de mortalité infantile mondiale était encore de 100 pour mille : un enfant sur dix mourait avant son premier anniversaire. En France nous en étions encore à 20 pour mille, le niveau de l'Équateur aujourd'hui. En 1990, j'expliquais à mes étudiants qu'avec un taux mondial de 50 pour mille, alors que la population avait été dans l'intervalle multipliée par quatre, nous avions considérablement progressé. Aujourd'hui, seule l'Afrique est encore à ce niveau, le taux mondial, lui, est tombé à 30 pour mille. Alors que nous tutoyons les 7,5 milliards d'humains. Il a été divisé par plus de trois en soixante ans, tandis que la population mondiale, elle, était multipliée par deux et demi !

Ce qui est encore plus intéressant, c'est de regarder les chiffres d'un peu plus près, par pays. Aujourd'hui, les Émirats arabes unis figurent tout en haut du tableau, avec Singapour : 2 pour mille seulement. Pour la France, c'est plus d'une fois et demie plus… Aux Émirats arabes unis, le premier hôpital n'a été construit qu'en 1967. Cinq ans avant, l'une des personnalités les plus brillantes du pays, Mohammed Al Fahim, alors enfant, a vu sa mère mourir en couches, avec sa petite sœur. Elle n'avait que trente ans. Avec Sheikh Zayed, le grand homme du pays, un visionnaire qui réunit les États de la Trêve, fonda les Émirats en 1971, et mit en place le développement harmonieux de ce désert des déserts, ils décidèrent que ce monde de pauvres Bédouins, de pêcheurs de perles misérables, aurait un autre destin.

Si vous voulez savoir comment se porte un pays, taux de mortalité infantile. Il ne ment jamais. Haïti : 48. Chili : 7.

Et en Asie, où la moyenne est 28 ? Chine : 10. Inde : 37. Comment mieux mesurer l'écart qui sépare aujourd'hui deux pays-continents hier également qualifiés par la Banque mondiale de « PMA », pays les moins avancés ?

Revenons en Afrique, le continent où les indicateurs sont les pires. Beaucoup de pays dépassent 70 pour mille, comme le Bénin ou le Burkina, voire 90 comme la Centrafrique. Fatalité ? Non, politique. Hier les pauvres Mauriciens se rendaient en masse à Madagascar en espérant trouver du travail dans la grande île. Aujourd'hui Madagascar est le pays qui n'a pas connu de guerre le plus pauvre du monde. Maurice fait partie des pays développés. La preuve ? Maurice : 14. Madagascar : plus du double.

Et la Côte d'Ivoire : 64 ! La Corée du Sud est tombée à 3 ! Pourtant, en 1960, les indicateurs du premier étaient bien plus avancés que ceux du second. Le rapport Pearson, publié par la Banque mondiale en 1969, qualifiait la Corée du Sud d'« indéveloppable ». Détruite par la guerre, surpeuplée par rapport à ses maigres ressources (c'est le Nord qui avait les matières premières), elle paraissait très mal partie. Elle est aujourd'hui plus avancée que l'Europe. Je ne parle même pas de la Corée du Nord, dont la sépare un fossé abyssal sur le plan économique, même si cette dernière affiche un TMI de 16, que personne de toute façon n'est en mesure de vérifier.

Vous ne savez pas comment se porte un pays ? Taux de mortalité infantile. Et si possible, essayez d'affiner votre approche, de regarder par région : au Brésil, certaines provinces, dans le Nord et le Nordeste notamment, ont le niveau de vie du Ghana, d'autres, dans le sud du pays, du Danemark. En général, les indicateurs sont toujours bien meilleurs dans les villes qu'à la campagne. Plus une région est restée rurale, plus elle est excentrée, plus sa population est considérée comme faisant partie d'une minorité mal aimée, plus le taux de mortalité infantile est élevé.

Avons-nous oublié d'où nous venons ? Chez nous, beaucoup de femmes trouvent très sympathique d'accoucher à la maison, comme leurs grands-mères avant elles. Des naissances plus « naturelles », revendiquent-elles, bien loin de ce qu'elles qualifient de médicalisation à outrance de l'accouchement. Pour elles, la péridurale serait un confort superflu, le monitoring une précaution inutile. Certaines choisissent même d'accoucher dans un grand bassin, comme si bébé avait gardé le souvenir reptilien de ses antédiluviennes branchies. Elles ont intérêt à disposer non loin de leur domicile d'une maternité dotée d'un plateau technique suffisant pour pouvoir les accueillir d'urgence en cas de pépin. Nous avons oublié combien la grossesse et la naissance ont été pendant des millénaires une aventure à haut risque pour les femmes.

Certaines d'ailleurs ne veulent plus courir ce risque. Personne n'a à devoir justifier de ses choix de vie à partir du moment où ils ne portent pas atteinte à la collectivité. Mais de plus en plus de femmes décident de demeurer, horrible terme, nullipares. Elles vous affirment que les raisons en sont écologiques : pas de bébés pour sauver la planète. La peur de l'avenir les conduit à renoncer à leur prétendu désir d'enfant plutôt que de risquer de le voir grandir dans un monde saccagé. Green Inclination, no Kids, les GINKS sont de plus en plus nombreuses dans les sociétés occidentales les plus avancées. Certaines poussent même la logique jusqu'à adhérer à un mouvement encore plus radical, le VHEMT (Voluntary Human Extinction Movement), Mouvement de l'Extinction volontaire de l'Humanité !

Si les femmes doivent être parfaitement libres de ne pas engendrer, d'autant que nous venons d'un temps pas si lointain où l'accès aux moyens contraceptifs leur était interdit, dans un monde où de nombreux pays continuent d'interdire l'avortement, même en cas de viol, il faut néanmoins les rassurer si elles font ce choix pour des raisons écologiques : leur enfant vivra dans un monde bien meilleur que celui qu'elles-mêmes ont connu. Il est aujourd'hui infiniment plus sûr, plus confortable, plus propre même que celui d'hier. Et les enfants qui naissent aujourd'hui vivront plus longtemps que ceux qui les ont précédés. Certains en viennent même à rêver d'immortalité !

En revanche, haïr l'humanité et sanctifier la nature au point de vouloir lui laisser toute la place relève d'une folie suicidaire, dont les Prophètes de l'apocalypse devraient rendre des comptes, eux qui par leurs fausses prédictions parviennent à terrifier tant de jeunes femmes qu'elles se privent volontairement de la joie d'un enfant.

D'autant que la nature ne se portera pas mieux sans l'homme. La chaîne alimentaire est impitoyable et ne se pose aucun cas de conscience, elle. Les forts mangent les faibles, les espèces invasives étouffent les espèces fragiles. Et quand les territoires se ferment, une grande partie de la biodiversité disparaît. Il faut l'éthique humaine pour désirer rendre plus beau le jardin de la terre, plus vivables les territoires, aimer les animaux et souhaiter qu'ils continuent d'exister.

Il faut la démocratie pour que chacun ait voix au chapitre, la difficile construction d'une société politique, et le patient travail du cultivateur et de l'éleveur pour permettre que des espèces qui auraient été faibles et condamnées dans l'état de nature puissent trouver droit de cité.

Avec le VHEMT, plus d'humanité. Pour qui ? Pourquoi ? La nature peut effectivement se passer de l'être humain, mais il n'est pas du tout certain qu'elle s'en porte mieux, et il n'y aurait de toute façon plus personne pour se poser la question.

Sauver l'élevage

Les arguments contre la consommation de viande sont archiconnus. « Nous devons en finir avec la souffrance animale. Élever des animaux pour les tuer est une abomination. En outre, ne pas manger de viande éviterait la faim et sauverait la planète. Les vaches polluent et émettent du méthane qui accélère le changement climatique. Les animaux consomment près de la moitié des céréales produites, qui pourraient être utilisées bien plus intelligemment si elles allaient directement à l'alimentation humaine. »

En France, les végans et les antispécistes sont devenus une minorité agissante très influente. Leurs images d'abattoir et leurs combats contre la souffrance animale ont l'oreille accommodante de bien des médias, au point que beaucoup d'entre nous doutent. La consommation de viande bovine chute (mais pas chez les jeunes, qui restent de grands adeptes des burgers). Celle de poulet au contraire progresse, mais vous pouvez désormais adopter une vieille poule.

Je partage totalement la colère des militants qui dénoncent la façon dont fonctionnent certains abattoirs et certaines usines à viande, où l'animal n'existe plus que comme un minerai, abattu dans des conditions terribles par des personnes qui pataugent toute la journée dans le sang et dans la souffrance, au point de ne plus avoir d'autre choix que de se déshumaniser. Il m'est arrivé de pleurer en regardant les vidéos de L 214. Je suis donc convaincue que leur action est nécessaire, pour en finir avec le refus de savoir, la cécité, et pour faire évoluer les méthodes, même si leur action est violente, excessive, et parfois incohérente quand l'association met des mois à diffuser un scandale parce qu'elle attend le moment propice.

Mais nous avons absolument besoin de l'élevage, il est vital autant pour l'humanité que pour la planète. Deux milliards de personnes dans le monde environ partagent leur existence avec des animaux qui leur sont indispensables. Ce sont souvent des populations pauvres, qui vivent dans des milieux difficiles : steppes, montagnes, terres médiocres, en pente, arides, ou bien glacées... 3,4 milliards d'hectares sont ainsi voués à l'élevage sur la planète (ce qui est cultivé représente moitié moins), il permet de valoriser des territoires défavorisés, qui sont difficilement, voire pas du tout cultivables, en fournissant non seulement des protéines de qualité (lait, viande, fromages...), apportant des nutriments indispensables à une alimentation par ailleurs très pauvre et carencée, mais aussi des abris, des vêtements, des moyens de transport, des charrues, des combustibles et de l'éclairage (bouse, graisse...).

Les bovins convertissent ainsi l'herbe, que l'être humain valorise mal – sauf s'il est « bête à manger du foin », mais peut-être allons-nous y venir –, en des ingrédients de premier choix. Grâce à l'animal, l'herbe devient lait, fromage, viande... L'élevage entretient aussi les paysages : quand les troupeaux ne sont plus là, les territoires s'embroussaillent, la moyenne montagne se ferme. Le feu, la friche et la faim s'installent. L'élevage protège notre planète !

En France, l'élevage occupe la moitié des terres agricoles (14 millions d'hectares). Il crée les plus beaux paysages : prairies, alpages et bocages. Une prairie capte plus de carbone qu'une forêt non gérée, qui vieillit et se dégrade, elle permet de lutter contre le ruissellement, donc l'érosion, et, grâce aux animaux, qui l'enrichissent de leurs déjections, abrite une biodiversité considérable (oiseaux, insectes, batraciens, rongeurs...). On dit souvent que lorsqu'une vache paît dans un champ, elle produit l'équivalent de dix vaches de matières organiques dans le sol (humus, vers de terre et autres) ! Produire un kilogramme de viande de bœuf ne nécessite pas 15 000 litres d'eau, comme on l'entend souvent : ce chiffre est obtenu en prenant toute la pluie qui tombe sur un hectare de prairie, une eau qui retourne dans le sol et fait pousser l'herbe. La réalité est beaucoup plus proche de 50 litres !

La beauté des vaches, des moutons ou des chèvres dans les pâturages crée de doux paysages humanisés qui nous apaisent. Tous les pays qui pratiquent l'élevage herbager, comme la France (première terre d'accueil du tourisme dans le monde), la Nouvelle-Zélande, l'Irlande, le Brésil, le Rwanda et tant d'autres, sont de beaux pays. L'élevage, ce sont des paysages entretenus, des troupeaux soignés avec compétence et vigilance : si ses animaux ne sont pas en bonne santé, donc bien traités, celui qui les soigne est le premier à en souffrir. La première caractéristique du métier d'éleveur, c'est d'aimer ses bêtes ! Et elles sont bien plus heureuses de vivre en sécurité, débarrassées de leur peur atavique du prédateur, correctement nourries, soignées de leurs plaies et de leurs maladies, que dans la nature, où elles sont livrées à elles-mêmes. L'espérance de vie d'un animal à l'état sauvage est inférieure de plus de moitié à celle d'un animal élevé par l'homme. Dans la nature, un lapin survit moins d'un an, d'où l'exceptionnelle prolificité des lapines. Si l'espèce ne se reproduit pas frénétiquement, les prédateurs de tous poils, des rapaces aux renards, en passant par les belettes ou les fouines, font un tel massacre que le lapin disparaît. Aujourd'hui, il se plaît dans les friches urbaines. Et dans les élevages, où le traditionnel clapier de nos grands-mères (que nous trouvions très sympathique quand nous étions petits) a fait place à des systèmes beaucoup plus aérés, beaucoup plus sains, beaucoup plus propres, qui permettent au lapin, animal stressé par nature, et on comprend pourquoi, de trouver encore une place dans nos sociétés.

Croire que supprimer l'élevage résoudrait les problèmes alimentaires de l'humanité est un leurre : si l'élevage disparaissait, les céréales produites pour les animaux (40 % des récoltes mondiales) ne se réorienteraient pas vers les humains, elles cesseraient tout simplement d'être produites. Parce que la production s'ajuste à la demande solvable, et que les éleveurs, privés de revenus, donc de pouvoir d'achat, deviendraient des non-consommateurs. Ils iraient grossir les populations pauvres des bidonvilles. La faim gagnerait du terrain.

Et puis, il y a une certaine hypocrisie à se proclamer végan et à aller boulotter discréto des comprimés de vitamine B12, obtenue uniquement à partir de produits animaux, pour ne pas crever à petit feu de carences dramatiques pour l'organisme. Chaque année, des parents sont condamnés par la justice pour avoir fait dépérir leurs enfants en les privant de toute protéine d'origine animale au nom de leurs croyances. La faim chronique des 800 millions de malnutris dans le monde est très largement due à une alimentation à base d'hydrates de carbone, céréales et tubercules, qui manque de protéines animales et de lipides. Elle engendre des retards de croissance chez les enfants, et des carences graves chez les femmes enceintes qui allaitent, comme les personnes âgées. Dans le monde entier, la sarcopénie, ou fonte de la masse musculaire, est une maladie bien connue du vieillard, qu'il faut compenser par des apports de calcium et de protéines animales de premier choix, directement assimilables.

Alors, quand les pauvres sortent de la pauvreté, quand leur accès à la viande n'est plus réservé aux occasions exceptionnelles, baptême, circoncision, mariage, funérailles, ou honneur rendu au visiteur de marque, ils adorent consommer de la gastronomie de qualité. Française par exemple. Nous sommes pour eux un pays de cocagne. Nos animaux, volailles de Bresse, poulets des Landes, Charolais, Blondes d'Aquitaine, Montbéliardes, chèvres du Berry, porcs bretons ou gascons, et tant d'autres, comme cette race bovine oubliée qui a chaque année les honneurs du Salon de l'Agriculture, nous donnent des fromages et des viandes mondialement réputés !

Certains rétorquent alors qu'ils veulent bien admettre à la rigueur la persistance de l'élevage… à condition que les animaux ne soient pas tués et mangés et meurent de leur belle mort. Belle idée… en théorie. Qui financera les maisons de retraite pour vieilles vaches ? En Inde, l'hindouisme a abouti à créer de telles structures, mais au prix d'une hypocrisie profonde : les vaches « sacrées » sont squelettiques et vivent d'expédients, tandis que loin des regards, des troupeaux modernes et très bien gérés permettent d'approvisionner les urbains en viande et en lait. L'Inde est la première productrice de lait au monde !

Supprimer l'abattage – dont tout le monde admet qu'il doit être réalisé dans les conditions les plus respectueuses pour les animaux – aboutirait juste à créer d'immenses parcs totalement improductifs où vieilliraient des animaux dont l'état de santé irait en se dégradant. La gériatrie vétérinaire deviendrait une science à part entière – elle est en train de le devenir non seulement pour les chiens et les chats, mais aussi pour les chevaux, que leurs propriétaires conservent jusqu'à leur dernier souffle, ce qui vaut des plaintes à la gendarmerie de riverains indignés de voir des bêtes décharnées et sans dents en train de s'éteindre solitaires dans un bout de pâture. Sauf que plus personne ne voudrait payer.

Et si les vieilles vaches occupaient les prés, il faudrait alors des usines à jeunes vaches pour produire le lait. Précisément ce que refusent ceux qui se proclament amoureux des bêtes. Pourtant, c'est souvent dans ces installations, conçues de la façon la plus intelligente possible, que les vaches se sentent en sécurité, bien nourries, massées, et traites chaque fois que nécessaire. Et elles adorent les robots de traite, qui leur donnent des aliments concentrés et soulagent leurs pis gonflés autant de fois qu'elles le souhaitent (on est obligés d'ailleurs de programmer leurs colliers pour limiter la fréquentation à trois visites par jour en général). Le bilan carbone de telles installations est plutôt bon car les effluents sont recyclés et fournissent une énergie renouvelable, des fertilisants. Même si l'élevage à l'herbe reste la meilleure solution pour la nature et les paysages, clouer les éleveurs au pilori comme on le fait actuellement risque donc juste de pousser à l'industrialisation d'une activité qui aujourd'hui crée la beauté de la terre.

Oui, mais les déjections et la rumination des vaches émettent du méthane qui accélère le changement climatique, objecte-t-on. Mais les déjections peuvent être valorisées pour créer des énergies renouvelables, ce que font de plus en plus d'élevages intensifs, qui peuvent mettre en place une économie circulaire, chauffant leurs bâtiments grâce à l'énergie fournie par les bêtes, et fournissant leurs excédents de chaleur à d'autres activités, comme celles des ateliers de transformation. Et en polyculture, les bouses fertilisent les prés, limitant le recours aux engrais de synthèse et améliorant l'autonomie des exploitations, donc leur équilibre économique. Pour le méthane produit par la rumination, une alimentation complémentée en graines de lin, ou d'autres aliments connus pour leurs vertus nutritionnelles, permet non seulement de diminuer les émissions, mais aussi d'améliorer la qualité digestive du lait produit. Tandis que vous prenez l'avion ou roulez en voiture, les troupeaux compensent vos émissions grâce à ces « infrastructures agroécologiques » – c'est le jargon moderne pour bénéficier de crédits verts – que sont les prairies !

Quant aux poules, pour lesquelles on exige de plus en plus d'élevages en plein air, rappelons que c'est la dangerosité des contaminations par les salmonelles (des milliers de morts chaque année dans les années soixante en France), qui a poussé à la création d'élevages en batterie. Nous avons oublié l'ampleur et la dangerosité des contaminations bactériologiques…

Heureusement éleveurs et vétérinaires sont là pour nous protéger malgré nous de maladies dont nous ignorons désormais jusqu'à l'existence… jusqu'à ce que survienne une crise sanitaire massive. De terribles pandémies ont marqué l'histoire. Tuberculose bovine, peste porcine, virus hémorragique du lapin, syndrome respiratoire aigu sévère… les zoonoses font des ravages. Quand le virus sort de son écosystème, tels Ebola ou la fièvre de Lassa, les dégâts sont colossaux. Imaginez-les, lâchés dans une métropole comme Tokyo ou Lagos, ou dans le métro aux heures de pointe…

Certes, les usines à poules doivent évoluer vers des systèmes moins concentrationnaires. Les éleveurs français sont confrontés aujourd'hui au défi de nouveaux investissements après s'être endettés pour changer leurs cages en 2012. Mais il faut savoir que même lorsqu'elles disposent d'hectares de pâtures, les poules se concentrent à proximité des lieux d'alimentation, d'abri et de ponte, où elles se sentent plus en sécurité. Et que les dominantes blessent impitoyablement les dominées et les empêchent d'accéder à la nourriture, ce qui n'arrive pas dans un système où chacune dispose d'un logement individuel. Nous aimerions faire dans la dentelle pour nos animaux, eux ne le font pas entre eux. La hiérarchie et la domination y établissent des relations d'une violence impitoyable. Malheur au faible si l'homme n'est pas là pour garantir sa survie !

Les cochons, comme les poules, comme tous les animaux, ont un système hiérarchique qui ignore la clémence. Le lion tue les lionceaux dont il n'est pas le père. Dans la nature, l'animal faible, dominé ou isolé, est impitoyablement condamné à mort.

Mais nous avons une vision totalement romantique et perchée de la nature.

Et une fois de plus, nous oublions tout ce qui nous menace. Pendant des millénaires, les hommes ont souffert de la faim. Seuls les riches pouvaient avoir accès à des aliments gras, à de la viande, faire bombance. Les pauvres étaient souvent de petite taille, les enfants affectés par le rachitisme et le retard de croissance. Quand Pierre Mendès France impose le verre de lait dans les écoles en 1954, il veut combattre la mauvaise santé des enfants français. Il faut attendre encore deux ans pour que l'alcool soit interdit dans les cantines !

Ceux qui ne jurent que par le porc bio, élevé en pleine nature, savent-ils que dans les abattoirs, ces porcs-là doivent absolument être abattus en dernier, le soir, à la fin de la journée, tant leur foie est contaminé de parasites divers ? Il faut ensuite désinfecter toute la ligne d'abattage… Pour avoir visité plusieurs élevages porcins en Bretagne, je peux attester que les conditions à la fois de bien-être, d'hygiène, de sécurité dont bénéficient les animaux, sont optimales. Et pourtant… Il arrive que les mères, surtout quand elles sont jeunes, écrasent leurs petits sans le vouloir – d'où la création de ces dispositifs permettant de les immobiliser temporairement le temps de la tétée. J'ai vu le désespoir d'un jeune éleveur bio qui aspirait à agir autrement, et venait de perdre la moitié de ses porcelets pour ne pas avoir voulu l'employer… Il arrive souvent qu'un animal dominé, ou aspirant à la domination, se fasse si violemment corriger par ses congénères qu'il ne survive pas à l'agression. Il ne faut surtout pas croire que c'est l'élevage qui pousse à de tels comportements et que tout se passe harmonieusement dans la nature !

L'élevage contribue largement à la beauté du monde, à la préservation de nos animaux, et à la santé de la planète. Il rend habitables des terres hostiles. Il offre des occasions de convivialité et de gastronomie irremplaçables. Ne nous gâchons pas la vie en nous privant volontairement de ce qu'il a de plus beau à nous offrir ! Fabriquer de la viande en laboratoire, c'est mobiliser des quantités colossales d'énergie et de chimie pour élaborer artificiellement ce que l'animal nous donne naturellement. C'est se priver de la beauté des paysages pastoraux au profit d'unités industrielles. Déshumaniser le monde pour entrer dans une logique high-tech, autour de laquelle éclosent aujourd'hui des milliers de start-up prêtes à surfer sur notre mauvaise conscience.

Que nos animaux d'élevage doivent être traités avec respect, oui. Que les modes d'élevages les plus écologiques doivent être privilégiés, oui. Supprimer l'élevage au nom des affamés et de la planète, non : ce serait bien pire… Alors savourons ces bonnes choses que nous proposent des éleveurs amoureux de leur métier et fiers de leurs produits, au lieu de leur pourrir la vie !

D'autant que la crise morale du monde agricole devient de plus en plus inquiétante pour notre pays.

Rendons leur fierté à nos agriculteurs

Toute la journée, le monde agricole entend répéter en boucle le même refrain. « Les agriculteurs conventionnels sont des pollueurs et des empoisonneurs, ils produisent de la merde en étant esclaves des multinationales. Il faut revenir à une alimentation de qualité et qui a du sens. Seuls le bio, la permaculture, le local et les circuits courts permettront de nourrir le monde sans abîmer la planète. »

Ce genre d'accusations, totalement infondées nous allons le voir, a un effet désastreux sur les agriculteurs. Beaucoup se démoralisent : « Nous avons l'impression d'être devenus des pestiférés. » Ce sont les gamins qui rentrent de l'école en accusant leurs parents paysans de saccager la planète, la belle-sœur qui vous chope au repas de Noël, le touriste venu dormir à la ferme qui vilipende son hôte dès qu'il comprend que sa production n'est pas bio.

Or la pyramide des âges de la profession est telle que la moitié des agriculteurs français auront cessé leur travail avant dix ans. Si des jeunes ne viennent pas leur succéder, ce qui n'est pas facile, surtout en « hors cadre » (ceux dont les parents n'étaient pas agriculteurs eux-mêmes) car les investissements et le niveau de professionnalisme requis sont élevés, si le métier perd son attractivité, alors que des milliers d'emplois y sont à pourvoir, nous aurons réussi à « désagriculturiser » la France en moins d'une génération. Et nous nous en mordrons les doigts, comme tous les pays qui ont perdu leur indépendance alimentaire : sans agriculteur, un pays meurt. Car nous serons alors réduits à importer notre nourriture de pays dont les normes sociales, environnementales, sanitaires seront très éloignées de ce que les agriculteurs français mettent en œuvre jour après jour.

Un comble : exiger des agriculteurs français qu'ils respectent des cahiers des charges de plus en plus exigeants, élèvent leurs bêtes sans antibiotiques, cultivent leurs terres en bannissant de plus en plus les pesticides… Et acheter de plus en plus de produits importés, bien loin de respecter les mêmes standards !

Nous sommes en train de décourager ceux qui nous nourrissent, et qui produisent tant que nous nous demandons chaque jour non pas quoi manger, mais quoi ne pas manger !

Il faut revenir sur chacune de nos croyances.

D'abord, croire que le bio va réussir à la fois à rémunérer correctement les agriculteurs et à satisfaire l'ensemble de nos besoins alimentaires n'est qu'une immense supercherie. Qui risque de nous coûter très cher.

Qu'on ne s'y trompe pas : je n'ai rien contre le bio. S'il permet à des paysans de valoriser de petites surfaces ou de « trouver de la valeur », comme on dit aujourd'hui, tant mieux. C'est le bio présenté comme une panacée généralisable que je trouve suicidaire : comment préconiser un système où l'on produit en moyenne un tiers de moins, ce qui oblige à vendre un tiers plus cher ? Présenter le bio comme producteur de la seule nourriture acceptable en discréditant le « conventionnel » est également un mensonge éhonté : notre nourriture est aujourd'hui parfaitement saine et de qualité. Affirmer que le bio est meilleur pour la santé et pour la planète permet juste de nous inciter à payer plus cher ce que nous mangeons, ce qui améliore certes les marges des paysans (et c'est tant mieux), mais aussi et surtout, celles de la grande et moyenne distribution, qui a vite compris l'intérêt d'exploiter les grandes peurs sociétales. Aujourd'hui que tout le monde s'y engouffre, distributeurs, enseignes spécialisées, mais aussi coopératives, il est important de rappeler qu'en réalité, le bio sert juste à nous rassurer face à des dangers imaginaires.

Il ne s'agit pas d'opposer les modèles agricoles entre eux. En France, comme en Europe, différentes façons de produire peuvent harmonieusement cohabiter. Le bio et le conventionnel travaillent aujourd'hui ensemble pour expérimenter des solutions plus respectueuses des écosystèmes, tel le biocontrôle, avec l'utilisation d'insectes auxiliaires, les associations de plantes, le recours à des méthodes préventives contre les infestations… Le bio, le circuit court ont toute leur place, tout comme choisir le végétarisme est une option éthique qui ne souffre ni discussion, ni contestation. Libre à chacun de se nourrir comme il l'entend, et en la matière, les particularismes alimentaires (innombrables, au point que les repas de famille deviennent des casse-tête, crudivores, locavores, sans gluten, sans lait, sans sel, sans sucre, sans gras, végétariens, végétaliens, bio, et même paléolithique) ont de beaux jours devant eux. Nous avons tellement de choix que nous pouvons même choisir de nous priver volontairement !

Mais ne soyons pas dupes : ce sont d'abord des intérêts mercantiles qui financent le grand mouvement bio (et anti-viande), afin de pouvoir vendre à prix d'or des aliments présentés à tous comme meilleurs pour notre santé et de la protéine végétale, bien moins chère à fabriquer que la protéine animale, et généralement si farcie d'additifs divers pour tenter d'imiter la vraie viande ou le vrai lait qu'elle n'a plus rien de naturel.

Ne pas laisser disparaître une agriculture nourricière qui a apporté la preuve de sa capacité à répondre à nos problèmes, et qui ne cesse de se remettre en question, d'évoluer, devrait faire partie de nos priorités absolues. L'agriculture, c'est un métier d'intérêt général. Surtout quand les systèmes alimentaires travaillent sans relâche à améliorer leur durabilité. La France, où l'agriculture reste très familiale et très diversifiée, occupe dans ce domaine la première place européenne pour la troisième année consécutive.

Ne croyez pas ceux qui clament que passer au bio sauvera la peau de l'agriculture et la nôtre. Plus ils sont nombreux, plus les agriculteurs bio sont confrontés à des difficultés : techniques, parce que produire bio n'est jamais une sinécure et qu'on est toujours exposé à une mauvaise récolte ou une invasion de ravageurs ; économiques, parce que la concurrence fait de plus en plus rage, que la guerre des prix a commencé aussi dans le bio, et qu'on importe de pays lointains, au nom de la « bioéquivalence », du prétendu bio parfaitement suspect ; mais aussi sans doute sociétales demain, quand nous comprendrons que le bio est au moins aussi traité que le « conventionnel ». Oui, au moins aussi traité, voire plus, même si ce ne sont pas les mêmes molécules. Les considérer comme « naturelles » ne change rien à l'affaire. Le cuivre s'accumule dans les sols, le pyrèthre est un poison violent. La nature a tué des millions d'hommes pendant des millénaires. Elle ne fait pas de cadeau. La mondialisation et le changement climatique multiplient les virus, les bactéries, les maladies, les attaques parasitaires, les zoonoses. Répondre au changement climatique en essayant de réduire au minimum l'usage des désormais honnis « pesticides », qui nous ont épargné pourtant bien des contaminations bactériologiques dramatiques, c'est le défi auquel sont confrontées aujourd'hui toutes les filières, toutes les régions, toutes les formes d'agricultures. Croire que le bio va tout résoudre, une impasse. Faire une fleur aux générations futures, ce n'est pas militer pour le retour des coquelicots dans nos champs. Quand Monnet les peignait, nous produisions bien peu et nous empoisonnions souvent. Il fallait séparer le bon grain de l'ivraie et femmes et enfants étaient réquisitionnés pour arracher les chardons à la main dans les champs. Les cancers de l'estomac tuaient massivement. Le « feu de Saint-Antoine » mutilait encore la population de Pont-Saint-Esprit en 1951. Aujourd'hui, nous avons oublié les ravages de l'ergot de seigle et du blé, des mycotoxines, des alcaloïdes, comme le datura dans la farine de sarrasin. Mais ils reviennent à toute vitesse à cause de notre amnésie. Les grandes crises sanitaires nous menacent si nous pensons que le passé est révolu. Alors, oui aux coquelicots, mais pas dans les assiettes !

En France, petit pays qui représente moins de 5 % des terres cultivées mondiales, nous avons réussi à nous nourrir avec succès. Nous avons relevé le défi de l'histoire. Beaucoup de pays admirent notre agriculture, jalousent nos produits, notre sécurité alimentaire.

Mais cela risque demain de n'être plus le cas. Nous saccageons notre propre jardin, vidons notre propre coffre aux trésors, qui a permis à notre nation d'acquérir son indépendance alimentaire, il n'y a pas si longtemps d'ailleurs : ce n'est qu'en 1970 que la France est devenue autosuffisante en blé ! Elle nourrit aujourd'hui le Maghreb qui hier la nourrissait. En agriculture comme dans beaucoup d'autres domaines, aucune position de force n'est durable si on n'en fait pas une priorité. Hier le Zimbabwe nourrissait l'Afrique australe, et la Russie était le premier importateur mondial de produits alimentaires. Aujourd'hui le Zimbabwe a faim et le blé russe inonde le monde, y compris cette Afrique du Nord qui a longtemps dépendu exclusivement de nous.

Non, la France ne produit pas « trop ». Il n'est pas sûr que réduire la production, comme beaucoup le souhaitent, améliore le portefeuille du paysan, le nôtre et la santé de l'humanité sur la planète. C'est même le contraire qui risque d'arriver. Le temps où nous souffrions de la faim et des maladies liées à la faim n'est pas si lointain. Et il peut revenir.

Il est en train de revenir.

Sommes-nous conscients que nous importons de plus en plus de nourriture ? Que cette nourriture est souvent loin de satisfaire aux critères que nous exigeons de l'alimentation française ?

Savons-nous que nous sommes en train de perdre notre souveraineté alimentaire dans un monde où l'arme de la nourriture va devenir de plus en plus dangereuse et violente ? La FAO nous met en garde : il faudra produire un milliard de tonnes de céréales en plus d'ici 2050 pour nourrir le monde. De bonnes semences, l'irrigation (18 % des terres cultivées mais 40 % de la production), une conduite des exploitations qui privilégie systématiquement l'agriculture de précision, le recours à des robots, à des capteurs, à des trieurs optiques, à la génomique, à des machines de plus en plus spécialisées, et paramétrées pour pouvoir effectuer des interventions très fines sur des parcelles dont la cartographie et l'analyse satellitaire ont permis de connaître parfaitement les caractéristiques, les besoins, les remèdes (terres acides, terres trop sèches, terres manquant d'azote, d'urée, de phosphate ou de nitrate...), l'agriculture est entrée dans sa troisième révolution agricole.

Je n'ai pas de parti pris, pas d'affiliation idéologique ou politique, j'essaie juste de jouer le rôle que je me suis donné lors de mon court passage sur terre : celui de sentinelle. Je suis une veilleuse que quarante ans à travailler sur les questions alimentaires, d'abord dans des ONG puis à l'université, ont peut-être rendue plus lucide, plus avertie que d'autres. C'est pourquoi je suis inquiète, et pense que nous devrions réagir et tout mettre en œuvre pour sauver cette formidable, incroyable et unique richesse qu'est notre agriculture, dans toute sa diversité.

Or, autour de moi, je n'entends plus que les mêmes accusations.

On dégomme l'agriculture dite conventionnelle, mauvais terme en effet qui se discrédite lui-même, alors que cette agriculture-là représente toujours les neuf dixièmes de notre alimentation et nous a sauvés de la famine. On la traite de productiviste, d'industrielle. Comme si le modèle français n'était pas d'abord familial ! Comme si les crises alimentaires appartenaient à un passé révolu, alors que le futur devrait nous faire frémir. Comme si cette agriculture là n'évoluait pas sans cesse pour répondre à nos attentes.

On discrédite la consommation de protéines animales au profit d'une alimentation végétale, supposée sauver à la fois notre santé et la planète. Alors que l'élevage valorise des territoires médiocres, qu'il fait vivre des millions de pauvres dans le monde, pour qui leurs bêtes sont sacrées, qu'il est indispensable à nos paysages, à notre santé, à nos emplois, à cette gastronomie que le monde entier nous envie, et même et surtout à la planète. Rien de mieux qu'une prairie pour attirer oiseaux et insectes !

Nous sommes en train de faire fausse route. Chaque fois qu'un agriculteur lâche prise, c'est nous qui reculons. Chaque fois qu'un agriculteur se suicide, c'est nous qui nous nous suicidons. Mais nous n'en sommes pas conscients. C'est trop tôt. Parce qu'il existe encore des tas de braves gars qui s'obstinent à nous nourrir malgré nous, parce qu'ils aiment leur travail, parce qu'ils se disent que nous allons nous réveiller, réaliser. Mais il faut faire vite. La France se désertifie. La friche remplace la campagne. L'incendie menace les terres abandonnées. Des métropoles et, entre elles, un désert, est-ce cela que nous voulons ? Serons-nous toujours aussi heureux d'aller profiter de la campagne quand elle sera devenue impénétrable ? Livrés à la cambrousse, sans plus personne pour nous vendre du pain. Rien que des résidences secondaires entourées de… rien.

Être agriculteur, paysan, c'est potentiellement exercer le plus beau métier du monde. Je dis potentiellement parce qu'aujourd'hui c'est de plus en plus affronter un maquis de normes, de contrôles, des prix aléatoires et la suspicion des voisins. Même semer le blé nous expose à des menaces !

Pourtant, quel beau métier que paysan ! Même s'ils ont été bien maltraités par l'histoire, le futur redonne tout son sens à une activité qui permet d'être un gardien de la terre. Être paysan, c'est être un chef d'entreprise libre, vivre au contact de la nature. À condition d'avoir la confiance de la société, de ne pas s'épuiser dans des tâches pénibles et sans gloire. Pas question de gratter la terre en guettant les caprices du ciel ! L'agriculteur est un seigneur. Qui connaît l'agronomie, la pédologie, le droit rural, les normes sanitaires, les marchés alimentaires, les filières à privilégier. Un manageur de la photosynthèse qui sauve la planète en nourrissant ses concitoyens. Une chevalerie protectrice chargée de notre sécurité.

À condition de pouvoir le faire.

Aujourd'hui le pacte de confiance est rompu. Beaucoup de personnes qui ne sont jamais entrées dans une exploitation agricole critiquent impitoyablement les agriculteurs sans connaître la réalité. Elles ne veulent que des modèles de proximité, où ceux qui produisent, souvent sur de petites surfaces, ne comptent pas leurs heures et s'échinent à nous nourrir de produits vendus cher parce qu'il a fallu beaucoup d'heures et de sueur pour nous satisfaire. On critique l'industrie agro-alimentaire comme si son but était juste de faire du profit sur notre dos, au besoin en nous empoisonnant, alors qu'elle applique des normes et des protocoles d'une rigueur qui ne souffre aucun arrangement, aucune dérogation.

Combien de fois entendons-nous, pour discréditer notre alimentation, invoquer la planète, notre santé, le bien-être animal ! Ce sont de vraies priorités en effet, sur lesquelles nous nous accordons tous : nous nourrir de produits de qualité, écoresponsables, qui ne passent pas par la souffrance de bêtes vivantes et sensibles qui méritent le respect. Mais combien de mensonges, de calomnies ! Des faits isolés, des pratiques inacceptables sont érigés au rang de généralités, discréditant tout un travail qui repose sur le savoir-faire, le professionnalisme, le respect du consommateur. La réalité est trop souvent transformée, distordue, par des prophètes de l'Apocalypse qui occupent l'audience pour vendre leurs salades, prétendant agir au nom de la planète et de notre santé pour, en réalité, garnir les linéaires de leurs produits, conduire les foules apeurées vers leurs magasins, et vendre à prix d'or des marchandises présentées comme vertueuses. Une hypocrisie cynique et sans vergogne, qui surfe sur les peurs, exploite la conscience morale et le sentiment de culpabilité de personnes bien intentionnées, qui veulent sincèrement sauver leur environnement et assurer la santé de leurs enfants. Accuser les lobbies concurrents pour mieux faire tourner sa petite entreprise, la méthode est connue depuis longtemps, mais elle fait toujours recette. Les faux prophètes abondent. Certains moralistes sont sincères, dévoués, ils croient vraiment à leur cause. La plupart ne sont que des opportunistes qui ont compris que jouer sur les peurs et la crédulité permettait de faire tourner à fond leur business.

Dès que j'essaie d'expliquer ce que signifient une crise alimentaire, la gravité des maladies liées à la nourriture, les grandes manœuvres autour du foncier, de l'alimentation, de la protection des plantes, l'insulte fuse : « suppôt du capitalisme », « défenseuse de l'agriculture productiviste », « vendue à la FNSEA »…

Comme si ce syndicat agricole majoritaire incarnait le démon, alors qu'il regroupe des bios et des conventionnels, des petites exploitations et des grandes, des circuits courts et des longs... Bref, toute la diversité de l'agriculture française. Tout comme d'ailleurs son grand concurrent, la Coordination rurale, alors que la Confédération paysanne, elle, a choisi un positionnement plus militant et altermondialiste, ce qui la pousse d'ailleurs à discréditer sauvagement ses concurrents. Car le monde agricole souffre aussi de ses divisions et c'est ce qui le fragilise. Pour exister, beaucoup de bios tapent sur les conventionnels. Pour sauver leur tête face à la suspicion sociétale, certaines filières dénoncent à tort les autres, en prétendant avoir l'exclusivité de la démarche écoresponsable... Acculés, les agriculteurs sont dans le sauve-qui-peut. Leur crise morale les pousse au chacun pour soi, d'autant que la profession a toujours été assez individualiste. Aujourd'hui divisés, affaiblis, démoralisés, les agriculteurs offrent peu de résistance aux critiques et sont en train de se laisser dévorer par nos exigences irresponsables : comme ils veulent nous satisfaire, ils se précipitent dans le bio, subissent sans résister l'interdiction de produits de traitement ou de semences qui condamnent à terme leur production, font le gros dos – ou cessent leur activité. S'adapter, au climat, aux demandes de la société, aux évolutions du marché, l'agriculteur a toujours dû le faire. Sauf qu'aujourd'hui, il faut sauver l'agriculture, et en sauvant l'agriculture, sauver notre pays.

Un Français sur cinq ne mange pas à sa faim parce qu'il ne peut pas se le permettre financièrement. Au sud de la France, l'Afrique du Nord dépend de ses importations pour se nourrir. Dans de nombreux pays, le prix de la nourriture conditionne la paix sociale, il suffit de voir les émeutes de la faim au Venezuela, l'exode massif de la population de ce pays confronté aux pénuries alimentaires. À Cuba, les gens vivent dans l'attente d'une arrivée subite de denrées au marché noir, ils ont toujours avec eux des sacs à provisions au cas où… En Afrique subsaharienne, un tiers, voire la moitié des récoltes sont détruits par les ravageurs. La Chine sait que nourrir sa population est stratégique et oriente sa politique extérieure vers cet enjeu, dont le gouvernement a fait une de ses priorités absolues. Les nouvelles routes de la soie ont aussi été conçues pour ça : apporter aux Chinois cette alimentation de qualité qui conditionne la paix sociale. Remplir les ventres pour vider les têtes, la méthode est archi connue, mais elle fait toujours recette.

La nourriture est un enjeu mondial. On a beau parler d'économie digitale, personne ne va fabriquer des grains de blé avec des imprimantes 3D, se nourrir de son smartphone. Il faut commencer par l'essentiel. Et l'essentiel, c'est d'assurer ce qui vous permet de vivre en bonne santé, de pouvoir utiliser au mieux votre cerveau et vos muscles. Les aliments. 800 millions de personnes continuent de souffrir de la faim dans le monde. Une personne sur onze dans le monde, y compris en France où certains ne se nourrissent pas correctement faute de revenus suffisants.

Et pendant ce temps, nous tapons comme des sauvages sur notre agriculture. Pas un jour où on n'entend pas critiquer nos méthodes de production. Tous ceux qui défendent une agriculture performante sont qualifiés d'otages des lobbys. De productivistes acharnés et malfaisants. Il faudrait n'acheter que bio, bannir les pesticides, devenus l'équivalent du Voldemort de *Harry Potter*, laisser les bêtes vivre librement leur vie (même l'idée de « posséder » des animaux de compagnie commence à révulser certains), et évidemment ne surtout pas les manger, sacrilège suprême. Des végans acharnés ensanglantent et détruisent les vitrines des bouchers, presque en toute impunité.

Nous sommes devenus fous. Des nantis repus qui croient que la nourriture nous sera toujours garantie. Que la faim n'est plus que le fantôme d'un passé révolu. Que nos paysans seront toujours là pour nous permettre de profiter d'aliments de qualité, variés, pas chers, en toute saison. Que toute cette nourriture dont nous bénéficions à profusion tombe du ciel. Qu'il y aura toujours de braves gens pour cultiver la terre et fournir nos repas, quand bien même nous tapons dessus à bras raccourcis.

Sauf que c'est faux. Les grandes manœuvres ont commencé dans le monde pour nourrir une humanité qui comptera dix milliards de personnes, voire onze, dans trente ans. Les guerres des terres, des semences, des techniques, des marchés seront impitoyables.

La France, elle, marche à reculons. Nous ne voyons pas que nous sommes en train de scier la branche sur laquelle sont assis notre commerce extérieur (le secteur agro-alimentaire, avec 11 milliards d'excédents, est un des rares excédentaires), nos territoires ruraux (les agriculteurs pilotent les deux tiers des paysages et seul le tissu des fermes les maintient vivants) et nos emplois : 14 % dépendent directement ou indirectement de l'agriculture.

Nos pertes sont colossales : nous perdons des terres, nous perdons des marchés, nous perdons des savoirs. Nous perdons notre richesse, nos emplois, notre indépendance. Même la nature et les animaux que nous invoquons pour justifier ces sacrifices n'y gagnent rien. Nous sommes en train de faire fausse route.

Allons-nous devenir un musée à ciel ouvert, dans lequel des touristes amusés visiteront quelques fermes d'antan, où s'agiteront des figurants qui ne ménageront ni leur temps ni leur peine pour coller à leurs fantasmes ? Où quelques nantis feront leurs emplettes au marché avec des paniers d'osier, vantant notre fabuleuse gastronomie réservée à une élite ? Accepter que la nourriture redevienne incroyablement coûteuse – quand on produit peu, il faut bien vendre cher –, est-ce acceptable ?

Serons-nous demain une France qui aura perdu sa trilogie nourricière (céréales, produits laitiers, fruits et légumes – qui sait que nous sommes les premiers exportateurs mondiaux de pommes de terre ?) – et qui ne vantera plus dans le monde entier que ses vins…

si toutefois le changement climatique les a épargnés ? Même plus ses fromages, puisqu'il n'y aura plus d'animaux pour fournir le lait ! Et encore moins ses céréales : nous en produirons si peu en bio. Un tiers de récolte en moins !

Hier grand pays agricole, la France importera alors massivement de quoi nourrir sa population urbaine. Quand le dernier paysan aura fini par renoncer et se déguisera, avec sa fourche et ses sabots, dans des fermes reconstituées pour touristes, avec de vieux animaux, gardés comme des reliques dans des musées vivants, les campagnes ne seront plus que des friches ensauvagées.

Nous sommes en grand danger. Arrêtons de lyncher nos agriculteurs ! Nous creusons notre propre tombe.

En tuant notre agriculture, c'est ce qui fait la beauté et la force de notre pays que nous tuons.

Et quand nous réaliserons quelle tragique erreur nous avons commise, contre notre indépendance alimentaire, mais aussi contre notre santé et nos paysages, il sera trop tard.

Ceux qui nous nourrissent sont en train de lâcher l'affaire. Beaucoup se découragent, vendent ou arrêtent. D'autres, trop endettés, trop démoralisés, mettent fin à leurs jours. L'« agribashing » est en train de détruire notre force agricole, de compromettre notre indépendance et notre souveraineté alimentaires. De faux prophètes occupent les médias et prônent des solutions qui ne sont pas durables.

Pendant ce temps, les autres pays rachètent nos terres, nos grands domaines abandonnés, nos fleurons agroalimentaires et phytopharmaceutiques, deux termes qui à eux seuls font hurler les puristes, comme agriculture productiviste. Taper sur l'agriculture dite conventionnelle (là où il faudrait dire « nourricière pour le plus grand nombre ») et manger bio sont devenus des critères de distinction, comme ne pas posséder de voiture.

Face à cette offensive qui est en train de les tuer, les paysans se taisent. Ils ne possèdent pas l'art de la communication persuasive et attendent d'être au plus mal pour déverser du fumier devant les préfectures, ce qui ne plaide pas en leur faveur. Ce sont des individualistes, habitués à travailler seuls, en toute liberté : la plupart ont choisi ce métier par amour de la terre et de la nature, envie d'être maîtres chez soi. Ils ne sont pas prêts à s'unir collectivement comme par le passé. Le monde agricole est devenu plus segmenté, plus clivant. Certains se pensent en manageurs de la photosynthèse, en « ageekculteurs » prêts à utiliser les techniques les plus performantes, d'autres se revendiquent paysans et renouent avec les méthodes d'antan, d'autres enfin, la majorité, essaient de rester la tête hors de l'eau malgré l'endettement, les caprices de la météo, les prix qui jouent au yo-yo et les calomnies que déversent la plupart des télés et des radios. Quelques-uns tentent de s'en sortir individuellement, en passant effectivement à ce fameux bio tant vanté, quitte à taper sur leurs voisins restés « conventionnels » pour essayer d'échapper à la crise collective. Ceux qui vieillissent ou se découragent vendent leurs terres avant la faillite ou le suicide. Lotissements et béton remplacent peu à peu les champs. La friche, la forêt gagnent du terrain. Le feu aussi, qui peut désormais dévorer des centaines d'hectares de broussailles sans rencontrer l'obstacle d'une terre cultivée – difficile de brûler un champ de maïs en été.

Chaque fois qu'une ferme disparaît parce qu'un paysan renonce, ce sont nos paysages et nos savoir-faire qui souffrent.

On accuse les paysans de tout. Que les abeilles et les oiseaux soient moins nombreux (mais la France a enregistré ces trois dernières années une récolte de miel record, et de cela on parle peu). Que les algues vertes envahissent les côtes, alors que la Bretagne a réussi à faire tomber les taux de nitrate à des niveaux très faibles et que ceux qui subsistent ne peuvent plus être imputés à l'agriculture. Que la pollution obscurcisse nos ciels… Les agriculteurs sont devenus les boucs émissaires parfaits. Parce qu'ils se défendent mal et ne savent pas jouer collectifs, parce que nous avons conservé de l'agriculture des images du passé, désormais fausses, mais qu'ils se montrent incapables de démentir, parce que certains mouvements environnementaux ont fait d'eux leurs cibles favorites : isolés, taiseux, pas très bons à l'oral, sauf dans la véhémence. Les agriculteurs sont devenus les victimes expiatoires des maux de notre société.

Nous sommes pétris de contradictions mais nous n'en prenons pas conscience. En voyant tourner les asperseurs dans les campagnes, les néoruraux et les citadins en vacances s'exaspèrent. Salauds de paysans qui nous volent notre eau ! L'irrigation est perçue comme inutile et dispendieuse. L'agriculture, une gaspilleuse. Et pourtant, nous appelons à lutter contre le changement climatique, qui passe d'abord par une gestion intelligente de l'eau, des sols, et de l'énergie. Surtout, que le paysan n'irrigue pas : mieux vaut que l'eau aille se perdre dans la mer... Mais bien sûr, nous voulons de beaux légumes, des fruits appétissants et variés, même en temps de canicule. À l'heure où lutter contre les émissions carbone devient une priorité, les faire venir de l'autre bout du monde nous choque, mais nous le faisons quand même, au nom de notre détestation de l'irrigation. Nous enfouissons nos problèmes sous les tapis des autres et battons nos paysans jusqu'à les réduire à néant. Nous déclarons les aimer, mais avec condescendance : il faut qu'ils restent des bouseux qui peinent à s'en sortir et à qui nous donnons des leçons de nature.

Pourtant, notre agriculture est la plus durable qui soit. Chaque année, *The Economist* publie l'indice de durabilité des modèles agricoles et alimentaires dans le monde. Pour la 3e année consécutive, la France est première au palmarès ! Préservation de la biodiversité et des sols, grande variété des cultures et des élevages, modèle familial, notre agriculture, qui revoie en permanence ses méthodes, est exemplaire. Il faut cesser de critiquer ceux qui nous nourrissent sans même connaître et comprendre tout ce qu'ils mettent en œuvre, depuis des décennies, pour faire de notre pays l'un des plus beaux et des plus sûrs au monde, travailler avec nos agriculteurs, nos paysans, nos éleveurs, pour construire ensemble le monde durablement nourricier de demain. Qu'il s'agisse des producteurs de pommes, des maraîchers, des céréaliers, des éleveurs, toutes les filières s'interrogent en permanence sur la façon d'agir mieux pour répondre à nos attentes.

À ceux qui doutent, qui pensent que nos sols sont morts, que la biodiversité a déserté les campagnes, que la monoculture est désastreuse, je réponds : allez dans les campagnes, visitez des exploitations, parlez avec des paysans. Prenez le temps de la rencontre, du dialogue. Et vous verrez que les agriculteurs sont des professionnels responsables, qui pratiquent des rotations soignées pour préserver la fertilité, nourrissent leurs terres même en hiver grâce aux CIPAN (cultures intermédiaires pièges à nitrates), replantent des haies, réintroduisent de la diversité et de l'autonomie dans leurs exploitations. Parce que la troisième révolution agricole a commencé, et qu'elle engage l'ensemble du monde paysan dans une grande réflexion sur ses pratiques.

Ne leur donnez pas de leçons péremptoires sur ce qu'il faudrait faire, comme si vous déteniez la vérité ! Supprimer les labours si l'on ne trouve pas le moyen de gérer les adventices, c'est impossible. Préconiser des modèles qui les renvoient à la pénibilité, comme le défrichage des mauvaises herbes à la main, est méprisant et irréaliste. Et si vous vous dites que les robots et les machines feront le boulot, demandez-vous qui les fabriquera, avec quels matériaux, qui les paiera, combien ils demanderont de carburant et combien ils généreront de gaz à effet de serre.

Quand vous critiquez la monoculture, demandez-vous quelles prouesses techniques il faudra relever pour récolter des cultures mélangées, comment sera résolu le problème de leur valorisation, qui effectuera le nécessaire tri au moment des récoltes. Les slogans sont toujours simplistes et péremptoires, mais l'agriculture est un métier d'une grande complexité.

Quant à l'idée que les grandes cultures n'ont plus leur place, parce que nous allons vers des métropoles « agri-urbaines » dans lesquelles de nouveaux « urbiculteurs » vont répondre à nos attentes de circuits courts, de traçabilité, de local, d'une production bonne pour notre santé et la planète, tout en rémunérant correctement ceux qui la produisent, le géographe Jean-Paul Charvet, membre de l'Académie d'Agriculture, et l'agriculteur Xavier Laureau, qui co-dirige les fermes de Gally en région parisienne, ont voulu l'explorer dans un livre récent[1]. Ils sont partis de l'explosion des agricultures urbaines et péri-urbaines, des initiatives menées dans la Ruhr, à Barcelone, à Shanghai, à Milan, et bien sûr en Île de France, sur le modèle des anciens maraîchers, hier très présents au cœur même et autour de Paris. Certes, cette nouvelle agriculture se montre apte à valo-

1. *Révolution des agricultures urbaines, des utopies aux réalités*, Éditions France Agricole, collection TerrAgora, 2018.

riser des espaces verts, des friches urbaines, des toits d'usines, en créant des « paysages comestibles ». Elle mobilise des techniques très innovantes, qui concilient l'agroécologie et le digital farming. Les nouvelles fermes verticales, usines à salades ou à champignons, inventent ainsi des modes de production qui se jouent des aléas climatiques et de la saisonnalité et parviennent à bannir les traitements, ces « pesticides » désormais honnis par des urbains qui ont oublié les maladies et les ravageurs du passé… et de l'avenir. Mais la question de la contamination par des métaux lourds de l'alimentation produite en milieu urbain n'est jamais posée.

Quant à la permaculture, vue par beaucoup comme LA solution de l'avenir à l'ère du « hors-sol high tech », elle montre vite ses limites. Deux tiers de l'alimentation mondiale reposent toujours sur les grandes cultures, céréales, oléagineux, protéagineux. Et quand la FAO explique qu'il faudra produire un milliard de tonnes de céréales en plus d'ici 2050 pour répondre aux attentes des classes moyennes urbaines émergentes du monde, elle pense aux semences, à l'irrigation, à l'intensification verticale des terres cultivées, à la généralisation d'une agriculture de précision, climato-intelligente et écologiquement intensive, pas à la permaculture. Certes ce micro-maraîchage bio-intensif permet de valoriser des surfaces réduites avec des productions à haute valeur ajoutée. Il ne faut pas pour autant croire que l'agriculture urbaine peut nourrir les mégalopoles. En Île de France par exemple, 240 000 tonnes de fruits et légumes sont certes produites sur place, de diverses façons, mais les Franciliens en consomment 2 millions ! Et les trois quarts des achats s'effectuent en grandes surfaces. Quant aux 340 AMAP (Associations pour le maintien d'une agriculture paysanne), toujours en Île de France, elles vendent… 3 500 tonnes. Les circuits courts ne peuvent jamais être exclusifs, autant pour les producteurs que pour les consommateurs.

Et les filières urbaines courtes et de proximité sont confrontées au défi de la main-d'œuvre (qui ne doit pas reposer sur des militants ou des stagiaires pour être durable), de la complexité et de la technicité des productions, qui supposent en outre un accès coûteux à l'énergie, l'eau et l'électronique, des circuits de distribution efficaces, la logistique du dernier kilomètre étant la plus coûteuse. Mais aussi et surtout elles posent la question des prix, car on ne peut pas uniquement s'adresser à des restaurateurs étoilés ou des consommateurs aisés pour rentabiliser le « business model ». La diversité et la complémentarité des modes de production et le maintien de campagnes vivantes et nourricières restent indispensables.

Ce n'est pas avec la Nature que nous devons nous réconcilier, mais avec ceux qui en sont les premières sentinelles, ceux qui travaillent en son sein pour garantir notre avenir. Respectons nos agriculteurs, comprenons qu'ils mettent tout en œuvre pour répondre à nos attentes, cessons de les croire irresponsables ou ignorants, protégeons-les d'une concurrence déloyale, écoutons ce qu'ils ont à nous dire. L'avenir de notre pays et ce qui en a fait la force et la richesse en dépendent. Au lieu de marcher pour le climat, marchons pour l'agriculture ! Et face au mantra, ânonné jusqu'à la lie, que « la planète n'est pas ce que nous avons hérité de nos ancêtres, mais ce que nous avons emprunté à nos enfants », expliquons à ces enfants, prêts aujourd'hui à se mobiliser en masse pour sauver le monde, que leur planète est toujours belle, qu'ils y ont tous leur place, mais qu'ils doivent d'abord apprendre à y agir intelligemment au lieu de prétendre donner des leçons d'écologie aux adultes. La meilleure volonté du monde, les intentions les plus pures ne peuvent tenir lieu de bréviaire.

Vers un monde meilleur

S'interroger sur le passé et comprendre les défis du présent sont les seules façons d'appréhender l'avenir avec bienveillance, tolérance et sérénité. L'Humanité n'est pas en guerre, ni contre la Planète, ni contre le Climat. Ce sont au contraire les sociétés qui, lorsqu'elles le souhaitent, rendent belle et habitable la terre.

La géographie convoque le temps et l'espace pour comprendre le monde. Elle se veut englobante et multidimensionnelle, travaille à différentes échelles, apprend à toujours relativiser. Les condamnations et la désespérance ne sont pas de mise dans cette discipline, qui doit d'abord nous servir à faire la paix, avec nous-mêmes, avec les autres, et avec le monde.

Chaque fois que l'homme en fait une priorité, il a le pouvoir de changer son cadre de vie, de sauver des espèces, d'inventer de nouvelles façons d'habiter la terre. La Nature n'existe pas indépendamment des hommes. Ils en bénéficient, mais ils la subissent aussi. Elle n'est ni bienveillante, ni cruelle. Elle est, tout simplement. Seul l'être humain porte en lui un dessein intelligent, qui le conduit à la transformer, selon des attentes qui changent selon les époques et les lieux.

Le monde de demain sera différent de celui d'aujourd'hui. Nous n'avons aucune idée de la façon dont vivront les générations futures, de ce qu'elles souhaiteront, de la façon dont elles se pencheront sur notre époque. Sans doute souriront-elles de nos peurs, comme nous sourions de celles de l'an mil, et même de celles de l'an deux mille. Peut-être seront-elles désolées à l'idée que nos croyances nous ont conduits vers de mauvais choix.

Nous n'avons aucune idée de ce que sera le monde de demain. Mais la peur a toujours été mauvaise conseillère. Préparons-nous sereinement à l'incertitude. Apprenons à répondre aux défis de la nature, du nombre, du changement, sans chercher de boucs émissaires, ni nous imposer de sacrifices inutiles. Car jamais l'être humain n'est meilleur que lorsqu'il a confiance.

C'est cette confiance en l'avenir que ce livre s'est donné pour but de transmettre. J'espère qu'il l'a atteint.

Bibliographie
(liste non exhaustive)

APPADURAI Arjun, *Géographie de la colère*, Payot, 2007

AUBERTIN Catherine, RODARY Estienne (dir.), *Aires protégées, espaces durables ?*, IRD éditions, 2009

BADIE Bertrand, *Le Temps des humiliés, pathologie des relations internationales*, Odile Jacob, 2014

BADIE Bertrand, *Quand le Sud réinvente le monde*, La Découverte, 2018

BOUTAUD Aurélien, GONDRAN Natacha, *L'Empreinte écologique*, La Découverte, 2009

BRUNEL Sylvie, *À qui profite le développement durable ?* Larousse, 2008

BRUNEL Sylvie, *Le Développement durable*, Que Sais-Je ?, PUF, 2018

BRUNEL Sylvie, *Géographie amoureuse du monde*, Lattès, 2011

BUENO Antoine, *Permis de procréer*, Albin Michel, 2019

BUSSON Christian (dir.), *Réponse à l'écologisme*, l'Harmattan, 2016.

COULIBALY Omar, BRUNEL Sylvie, *Le Cheval Berba*, Favre, 2014

D'ARCY WOOD Gille, *L'Année sans été*, La Découverte, 2016

DELUMEAU Jean, LEQUIN Yves, *Les Malheurs des temps*, Larousse, 1991

DEPRAZ Samuel, *La France des marges*, Armand Colin, 2017

DIGARD Jean-Pierre, *L'animalisme est un anti-humanisme*, CNRS éditions, 2018

DOLLFUS Olivier, *La Mondialisation*, Presses de Sciences po, 2001

DONNET Pierre-Antoine, *Quand la Chine achète le monde*, Picquier, 2018

DROULERS Martine, *L'Amazonie*, Armand Colin, 2004

DUMONT Gérard-François, *Géographie des populations*, Armand Colin, 2018

ERTZSCHEID Olivier, *L'Appétit des géants*, CF éditions, 2017
FERRY Luc, *Le Nouvel Ordre écologique*, 1992
GEORGE Pierre, *L'Environnement*, Que Sais-Je ?, 1971
GOURAUD Jean-Louis, *Petite Géographie amoureuse du cheval*, Belin, 2017
GUILLUY Christophe, *La France périphérique*, Flammarion, 2015
IBBITSON John, BRICKER Daniel, *Empty Planet*, Signal, 2019
KERVASDOUÉ (de) Jean, *Ils croient que la nature est bonne*, Robert Laffont, 2016
LARCHER Laurent, *La Face cachée de l'écologie*, Cerf, 2004
LEE KUAN YEW, *Mémoires* (2 tomes), Éditions du Pacifique, 2012
LECOMTE Jacques, *Le monde va beaucoup mieux que vous ne le croyez*, les Arènes, 2017
LEVÊQUE Christian, *La Nature en débat, idées reçues sur la biodiversité*, Quae, 2011
MARSHALL Tim, *Prisonniers de la géographie*, Lattès, 2018
MORICEAU Jean-Marc, *Histoire du méchant loup*, Pluriel, 2016
NORBERG Johan, *Non ça n'était pas mieux avant*, Pocket, 2018
PALTINEAU Maya, *Femmes sans enfants*, Univ européenne, 2011
PASTOUREAU Michel, *Le Loup, une histoire culturelle*, Seuil, 2018
PITRON Guillaume, *La Guerre des métaux rares*, Les liens qui libèrent, 2018
PITTE Jean-Robert, BRUNEL Sylvie (dir), *Le ciel ne va pas nous tomber sur la tête*, Lattès, 2013
PLANHOL (de) Xavier, *Le Paysage animal*, Fayard, 2003
ROCHE Daniel, *La Culture équestre de l'Occident*, 3 tomes, Fayard, 2008, 2011, 2015
ROSSI Georges, *L'Ingérence écologique*, CNRS Éditions, 2000
ROUGEMONT (de) Michel, *Réarmer la raison : de l'écologie raisonnée à la politique raisonnable*, EP, 2017
VALLAEYS Anne, *Le loup est revenu*, Fayard, 2013
WEBER Eugen, *Apocalypses et millénarismes*, Fayard, 1999

Table des matières

Du même auteur (suite) :

Manuel de guérilla à l'usage des femmes, Grasset, 2009.
Nourrir le monde, vaincre la faim, Larousse, 2009.
À qui profite le développement durable ?, Larousse, 2008, Prix Durand- Réville de l'Académie des sciences morales et politiques.
Le Développement durable, PUF, « Que sais-je ? », 2004, 5e éd. 2012. L'Afrique, Bréal, 2004, Prix Robert Cornevin (Académie des sciences d'Outre-Mer).
Famines et politique, Presses de Sciences Po, coll. « La Bibliothèque du citoyen », 2002, Prix Sciences Po.
La Faim dans le monde, comprendre pour agir, PUF, 1999, Prix Conrad Malte Brun (Société de géographie).
Géopolitique de la faim (maître d'œuvre), PUF, 2001, 2000, 1999.
Ceux qui vont mourir de faim, Le Seuil, coll. « L'Histoire immédiate », 1997.
La Coopération Nord-Sud, PUF, « Que sais-je ? », 1997.
Le Sous-Développement, PUF, « Que sais-je ? », 1996.
Le Sud dans la nouvelle économie mondiale, PUF, coll. « Major », 1995. Le Gaspillage de l'aide publique, Le Seuil, coll. « L'Histoire immédiate », 1993. Une tragédie banalisée : la faim dans le monde (avec le concours de l'AICF), Hachette, coll. « Pluriel-Intervention », 1991.
Sahel, Nordeste, Amazonie : politiques d'aménagement en milieux fragiles (maître d'œuvre, avec Nelson Cabral), Unesco-L'Harmattan, 1991.

Tiers-Mondes, controverses et réalités (maître d'œuvre), Economica-Liberté Sans Frontières, 1987.

Asie, Afrique : greniers vides, greniers pleins (maître d'œuvre), Economica, coll. « Économie agricole », 1986.

Croquer la pomme, l'histoire du fruit qui a perdu le monde et qui le sauvera, Éditions JC Lattès, 2016.

Crin-Blanc ou l'invention de la Camargue (en coll.), Actes Sud, 2016.

Plaidoyer pour nos agriculteurs, il faudra demain nourrir le monde, Buchet-Chastel, 2017.

Le bonheur à cheval (en coll.), Belin, 2017.

Le développement durable, Que sais-je ?, nouvelle édition 2018.

(Les ouvrages collectifs auxquels l'auteur a participé ne sont pas mentionnés ici.)

Cet ouvrage a été composé par Nord Compo

Imprimé en France par
CPI BUSSIÈRE (18200 Saint-Amand-Montrond)
en avril 2019

pour le compte des Éditions J.-C. LATTÈS
17, rue jacob – 75006 Paris

N° d'édition : 01. – N° d'impression : 2044177
Dépôt légal : avril 2019